GRIETAS
EN EL ALMA

Atrapada entre

el amor y la violencia

Viviana Rojo Sitton

Windmills International Editions Inc.
California - USA – 2016

GRIETAS EN EL ALMA

Autor: Viviana Rojo Sitton
Writing: 2016
Edition Copyright 2016: Viviana Rojo Sitton
Diseño de Portada: Luis Fernando Rojo Sitton lfr.sitton@gmail.com
Poesía de página 17. Autor Robert Roy Hoffmann Castaños
Fotografía de la autora: Carlos Soto Casanueva
Dirección General: Cesar Leo Marcus
Windmills International Editions Inc.
www.windmillseditions.com
windmills@windmillseditions.com

ISBN 978-1-365-36568-3

A mi mujer favorita y
forjadora de mi fuerza, mi hija

A mi mujer de roble y miel,
mi madre Angelical

A las mujeres que se aman

A los hombres que saben honrar el amor,

En especial a mi amado esposo

Viviana Rojo Sitton

Mi interés por la mente humana comienza desde muy joven… Estudié la carrera de psicología encontrando en el psicoanálisis un lugar para muchas respuestas… comencé así a escuchar el inconsciente de quienes se tendían en el diván de mi consultorio.

Continué en seminarios y cursos hasta que la vida me puso de frente con la tanatología o terapia de duelo y empecé a trabajarla conmigo y con mis pacientes, abriendo horizontes emocionales que no conocía y ayudando a quienes tienen partido el corazón.

Entre varias especialidades en las que me he formado, destaco la hipnosis clínica… herramienta con la cual muchas personas se han beneficiado tras obtener cambios duraderos e inmediatos.

Cuento con un máster en coaching con programación neurolingüística, así como el grado de facilitador de procesos de cambio... desde que incorporé estas maravillosas técnicas a la consulta clínica, veo transformaciones interiores extraordinarias.

Mi práctica profesional se ha fortalecido con conocimientos espirituales, tal como la sanación cuántica y angelical, entre otros... lo cual me ayuda a trabajar holísticamente con cada paciente. Estudié la carrera en arte dramático, soy escritora, fui locutora en un programa de radio, imparto talleres, conferencias y cursos... sé que mi misión es comunicar y servir.

Soy madre, mujer, caminante y aprendiz...

INTRODUCCIÓN

Ella lo necesitaba para sentir que tenía un trazo en el mapa de la vida… Se enamoró perdidamente de él, si… perdida.

Ambos eran un reflejo silenciado de lo que llevaban por dentro, los dos agrietados con necesidad de resanar y ser resanados… humillaciones y besos, agridulce mezcla que nunca llevará al amor.

La protagonista de este libro podrías ser tu… incluso esta historia podría parecerse a la tuya aun siendo hombre, quizás seas un adulto o un adolescente, homosexual o heterosexual, quizás te estés divorciando o a punto de casarte, podrías leer esto mientras al lado duerme tu pareja, esa para la que te alcanzó y que te refleja quien eres…

Si te has sentido atrapada entre el amor y la violencia, es importante que abras bien los ojos y distingas sus diferencias.

Antes de que sea tarde y que tu salud mental te cobre caro, recorre este libro mientras identificas tus propias grietas, el alma no merece vivir mutilada…

ÍNDICE

La violencia es el miedo a los ideales de los demás.
Mahatma Gandhi

Recordar es el mejor modo de olvidar.
Sigmund Freud

Está claro entonces que es hablando como se hace el amor.
Jacques Lacan

Hace falta entender que la violencia le da la espalda a la esperanza.
Stéphane Hessel

I - Se acabó

Mis brazos sin fuerza colgaban de una cuerda atada al frio respaldo de aquella silla, una silla que no combinaba con nada de esa casa, como yo… apartada del mundo, sin pertenecer a ningún sitio. La piel de mis muñecas casi violácea era el resultado de mi intento de escape y forcejeo. Manos y corazón anudados por su perversión… así me dejó, con grietas en el alma.

Parecía que una parte de mí era absurdamente fiel a ese lugar, pues me costaba trabajo salir sin mirar atrás, mientras la otra mitad de mi deseaba huir para no volver ni siquiera con el recuerdo… y esta ración de cordura fue la que ganó… con los anillos de compromiso y matrimonio puestos, una pequeña maleta con poca ropa que preparé a ciegas y varias monedas que me podía ahorrar sin que él lo notara, escapé con la velocidad que tiene un delincuente. Salí para no volver. Cerré por última vez aquella puerta, misma que fue testigo de mi enmohecimiento durante tantos años.

Sentía que la luna me miraba con precisión, iluminando todo con su inmensidad, siendo tan grande como mi angustia… iba a enloquecer, a morir, a explotar. Esa noche de enero tuve más frío del normal, porque el verdadero invierno era el de mi interior. Todo en mí estaba congelado… ¿o quemado?… no lo sé.

Deambulaba hacia ningún lugar mientras me ametrallaba una voz burlona en la cabeza: "¿De verdad lo vas a dejar? Si no sabes hacer nada, ¿Ya no regresarás jamás? ¿Quién te va a querer si eres muy débil?, ¿Crees que a alguien le importará tu dolor? ¿Podrás liberarte?, esto es demasiado para ti, mejor regresa"

Me encontraba en un acertijo sin respuesta, tan sola, tan enemiga de todo lo que yo era, con la brújula perdida... él se la quedó. Desconocía si podía estar segura conmigo misma y me preguntaba si me merecía un castigo por haberlo dejado.

Nadie conocía el entramado violento en el que me sumergí tantos años, pues me encargué de enmascarar nuestra relación para no hacerlo enojar y por guardarme la vergüenza de ser tan débil, él me fue borrando las amistades y me arrancó el derecho a ser una persona normal, tampoco tenía trabajo ni un refugio espiritual... ¡nada! ni siquiera tenía esperanza de vivir. Todo se lo carcomió. Mi vida era un desierto y esa noche, como tantas otras, me decidí a morir...

Mis ojos estaban inundados y el corazón se me escurría por todo el cuerpo sin poder hacer nada para ponerlo en su lugar, mis labios aún estaban pintados de sangre, no sé si era mía o de él (pero eso poco importa pues todo lo mío era de su propiedad). Me encontraba huyendo del pandemonio que me habitaba, pues sentía que estaba enloqueciendo, desgajando, muriendo, todo al mismo tiempo.

Para acabar con esa asfixiante angustia me abalancé sin pensar sobre los autos de aquella avenida. Lo único que recuerdo es que estaba en posición fetal tirada en el helado pavimento. Unas personas se acercaron para ayudarme o insultarme... qué sé yo.

Reconocí que desafortunadamente aún estaba viva y enceguecida por las luces de los autos me desprendí del suelo para seguir corriendo. "Ni para matarte eres buena" me decía todavía aquella voz dentro de mí. Iba sin dirección deseando desaparecer por completo, así como se levanta el polen con el viento, en silencio y sin dolor...

Tenía una ferviente necesidad de oler a mi madre y cobijarme en sus brazos, pero no sabía si cabría mi cuerpo en ellos... no dudaba de su amor sino de poder contenerme sin resbalar en ella. Alguna vez le comenté cómo él me trataba y ella argumentaba temerosa... "Es el hombre que Dios te dio, es la oportunidad para ser feliz, no lo eches a perder hijita, a él se le pasará cuando aprendas a no contrariarlo, en cambio si te separas ¿Qué va a ser de ti?". Evidentemente las pocas ganas de salir de mi basurero se evaporaban de inmediato. Por lo tanto buscarla no era una opción.

Estaba lo bastante lejos de casa, pero yo sentía que él estaba a tan solo unos pasos detrás de mí y como pareciera que la vida me estaba obligando a estar en ella, no me quedaba más remedio que continuar... así fue como me metí a un hotel de paso para dejar correr la noche, ya que descansar era un lujo que no me podía dar. No tenía suficiente dinero, sólo el necesario para sobrevivir unos días hasta que empeñara los anillos, así que tenía que pensar rápido, a pesar que dudaba si mis decisiones eran correctas.

Este fue el comienzo del final... después de muchas nevadas y algunos soles, logré arrancarme la piel de cordero, esa que cuelga apestosa del hocico del depredador, chorreante de sangre y dolor, afrodisíaco perfecto para quien sustituye el miedo por el amor. Ya no más violencia, se acabó.

II - ¿Media naranja?

Sus ojos color pantera me atravesaban cada célula cuando me miraba, yo sentía que mi sangre burbujeaba cuando estaba frente a él. Siendo uno de los chicos más populares de la escuela, me parecía imposible que se fijara en mí.

Lo conocí hace más de 20 años cuando éramos adolescentes. Él era encantador, no había posibilidad de dejarlo de mirar, pues era líder de su grupo, buen deportista, estudiante participativo, simpático y hasta buen actor. Su personalidad era un imán irresistible para muchas y me sentí privilegiada cuando me escogió.

En medio del bullicio escolar y con la prisa de una adolescente presionada por las buenas calificaciones, me urgía llegar al salón de clases, pero al terminar mi descenso por aquellas escaleras de cemento, tropecé con su sonrisa delineada de caramelo, pues jugaba con una paleta entre sus carnosos labios, mismos que me invitaban a besarlos sin pudor. Mi corazón palpitaba como si contuvieran cien caballos a galope y hasta sentí una especie de excitación que jamás había experimentado.

Se me acercó tanto que parecía que no había centímetros entre los dos. Su mentón afilado me significaba virilidad y a la vez amparo. Desde ese entonces mi único pensamiento recurrente era acurrucarme entre sus brazos y no salirme de ellos jamás.

Una noche de rock y euforia juvenil, nos apartamos para dialogar con la mirada y conocer la textura de nuestra piel, aquellos tímidos roces abrieron puerta a mi sensualidad. Creo que cada partícula dentro de mí temblaba hasta que él logró controlar mi tremor con nuestro primer beso, nuestros labios bailaron al son de las hormonas y la ternura, mezcla perfecta para derramarme en él y soñar con hacer magia juntos mientras cocinábamos el enamoramiento.

Lo que más atrajo mi atención es que mantenía un coqueteo constante con la vida y sus palabras eran justo la melodía que le guiñaba a mi interior... "Eres la mitad que me faltaba" me dijo el día que por completo me enamoró.

Él siempre supo que cada día me atrapaba más entre sus manos. Esta locura que sentía al estar enamorada, al principio era una metáfora, años después se convirtió en realidad.

Sus caricias eran todo mi continente, fueron épocas de gran esperanza y tranquilidad. Lo interpreto como el festejo de un náufrago que por fin encuentra posibilidad de retorno.

Transcurridos escasos meses de nuestro noviazgo, me tocaba sin permiso, pues según él los permisos son para aquellos que no se aman de verdad. A pesar de amarlo aún no me sentía preparada para romper por completo la barrera que separaba nuestros cuerpos. Él insistía en que hiciéramos el amor... me negué y al mismo tiempo me sentí culpable pues decía que no lo amaba lo suficiente.

Recuerdo bien sus palabras: "Sabes cuánto te amo y no resisto un día más sin estar contigo... también sabes que tengo necesidades de hombre y si tú no me das lo que te pido hay muchas mujeres con las que puedo hacerlo, ¿me entiendes amor?" Y me dio dos nalgadas juguetonas al compás de una sonrisa que afianzaba su sentencia. Ahora comprendo que más allá de una cruel amenaza, era un ahorcamiento a mi capacidad de decisión.

Fueron varias veces, en distintos lugares, públicos y privados, en que me atragantaba con su lengua y sentía sus manos recorrer todo mi cuerpo, que al paso del tiempo ya no era mío, sino de sus antojos.

Un día cualquiera de escuela llegamos a mi casa, que de costumbre estaba vacía, él estaba especialmente excitado y me volvió a pedir que lo hiciéramos. No me pude seguir negando, temblaba al pensar en terminar nuestra historia, la cual en mi imaginario era el refugio que le daba sentido a mi porvenir. Lo amaba tanto que una parte de mi pensó que el momento había llegado. Hicimos el amor, confieso que mi cuerpo lo disfrutó muy poco, pues sentía la necesidad de complacerlo y ser perfecta, pero mi alma estaba acariciada como nunca antes ya que me daba garantía de que al entregarle lo que él quería, nuestro amor sería para siempre.

A partir de ese momento el sexo para él era prioritario, en cambio para mí era adicional a nuestra relación. Él parecía que llegaba a mi cuerpo a abastecerse y cuando se sentía lleno me dejaba sola. Eran encuentros ambivalentes, pues lo que yo más deseaba eran sus abrazos, antes y después del encuentro pasional, nada más importante que tener su piel como fianza para existir con sentido…

Por otro lado me quedaba entristecida al ritmo de su sonrisa llena de un orgásmico placer, lugar al que yo nunca llegué, pues no conocía mi cuerpo y él tampoco quería explorarlo para mi satisfacción, lo único que ganaba era un trozo de cielo lleno de nubes de confusión.

Él enfatizaba lo buen amante que creía ser, pues medía su desempeño en función de su placer. Le mentí todas las veces, a excepción de una, en la que al confesarle que no alcanzaba el clímax me acusó de frígida, sin asumir que él era muy precoz y egoísta.

La frigidez comenzó en mi cabeza, hoy lo sé, pues aunque mi cuerpo disfrutaba de él, algo en mi mente no me permitía fluir, ya que era común sentirme usada, era como un contenedor de sus gemidos y pequeñas muertes... rara era la ocasión en la que me veía a los ojos y yo tardaba más en inhalar que él en sentirse satisfecho.

Supongo que ya se había aburrido de mí y para alimentar sus feroces hormonas se saboreaba con los ojos a otras chicas, incluso me comparaba cínicamente con algunas maestras. Argumentaba que estaba subiendo de peso y perdiendo mi sensualidad.

Por supuesto me sentía en total inseguridad y cuando hacíamos el amor prefería apagar la luz para cubrir mi cuerpo de su crítica, en realidad a lo que le apagué la luz fue a mi femineidad y a la belleza implícita de ser mujer.

Era frecuente que él cerrara de golpe el telón al amor para darle lugar a la humillación, a los celos, a la amenaza y así terminar con días de cielo rosa. Ambos reconocimos que juntos enfermábamos, por ello terminamos en varias ocasiones, pero un nudo de angustia se atoraba en mis entrañas, sentía que no podía respirar. Pareciera que nuestros defectos los borrara la añoranza... me sucedía que sólo podía recordar lo bueno mientras lo malo se perdía en una niebla de negación. A él le pasaba algo similar.

Nos buscábamos y tras nuevas promesas lacrimosas emprendíamos un intento más. Nos rehusábamos a aceptar que no nos alcanzaban ni los juramentos ni la voluntad… ambos nos quedamos con las ganas, él de tener a su puta en la cama y yo de tener un hombre que de verdad me amara.

Recuerdo que un día en el que me decía nombres de otras mujeres mientras hacíamos el amor, me enfurecí tanto que salí corriendo del lugar terminando nuestra relación. Tuve que buscar mi dignidad a varios kilómetros y estaba convencida de no regresar más con él.

Durmiendo entre sábanas de angustia después de jurar no volverlo a ver, daba vueltas en mi colchón y cuando el sol estaba a punto de emerger entre las dos montañas que veía desde mi ventana, él escaló hasta lograr abrir mis persianas para dejarme una rosa enterrada en una carta en la cual rogaba mi perdón, así también me prometía quitarse la vida si no regresaba a su lado… yo estaba confundida y aún enamorada. Abrí la ventana y me convenció de salir a dar un paseo, accedí sigilosamente para que mis padres no se dieran cuenta, ese dulce secuestro me encantó.

Me llevó a ciegas al bosque y al abrir los ojos respiré el olor de pétalos multicolores que me encaminaron a una cabaña de su familia, situada en una llanura de ensueño. Parecía que los árboles formaban un cielo de hojas que protegía nuestro amanecer. Entre flores y antorchas improvisadas, mi gran amor me regalaba una estrella al asegurarme que sin mí su vida no tendría sentido. Nos besamos y comenzamos a arrancarnos la ropa… así eran nuestras reconciliaciones, llenas de ternura, pasión y un velo en los ojos. Después de su primer intento por hacerme el amor, dado su fallido desempeño, me dijo dulcemente: "Báilame como puta"- aplaudiéndome al ritmo de la denigración. - "¿Qué no ves que ya no me estás excitando?... es tu culpa que no pueda, ya no me dan ganas de metértela"

A pesar de que yo intentaba todo por complacerlo, no podía sentirme más que ridícula, cosa que él maximizaba al burlarse de mis nefastos intentos por convertirme en quien él deseaba.

Frecuentemente me decía... "Contigo no se puede, prefiero una porno para terminar lo que tú no eres capaz"

Yo permanecía sin saber que hacer mientras se auto complacía. Al terminar él prendía un cigarro del cual salía un humo que me velaba por completo. Después del algún tiempo en silencio, sacaba su guitarra e improvisaba canciones inspiradas en mí, como ésta...

Quisiera ser tu pelo, para jugar en tu cara y en tu cuello, y para que en los días más calurosos me tomaras en tus manos y me amarraras fuertemente en ti.

Para que cuando te bañaras y el agua escurriera por tu cuerpo formara yo cascadas, vestidos pasionales de agua.

Para que cuando salgas a la calle y camines por el mundo, olvidándome, ya no seas mía sino yo tuyo.

Quisiera ser tu pelo, para que cuando los años pasen y comiencen tus cabellos a convertirse en blancos, yo en secreto le diga al mundo el tiempo que he estado contigo.

Quisiera ser tu pelo para que cuando mueras y te vayas, me vaya yo contigo.

De cualquier manera, yo quisiera ser tu pelo.

Así era él... también. Un poeta que me erizaba las venas y cualquiera de sus errores se borraba tras la estupidez de mi enamoramiento.

Me hacía sentir que yo era su eje central y que mi presencia fortificaba su espíritu. Con esta idea yo aseguraba su amor y mi ego se enaltecían.

¿Él era mi media naranja? No, a las naranjas se les exprime... y así estuvimos, siempre a medias, tasajeados por nuestras historias, exprimidos por el anhelo fallido de encontrar en el otro la felicidad.

III - Maridaje de hiel

Llegué al altar forrada de blanco y de una gran fe en él, creí que había superado sus humillaciones, mentiras, chantajes y celos enfermizos, supuse que siendo su mujer me dignificaría y que con nuestra firma maridada en un papel, lo poco funcional de nuestra unión se compondría pues "el amor todo lo puede", decía él.

La gente nos veía como una pareja para dar envidia, pues él parecía moneda de oro y mi rostro se maquillaba de placidez cuando estábamos juntos, incluso creí que yo era la equivocada, la de la mente torcida pues a todos les caía bien.

Algo dentro de mí decía que estaba jugando a perder, pero preferí intercambiar la angustia que me arrollaría si terminábamos nuestra relación, por una mentira sentada en una conveniente utopía.

Nuestro matrimonio lo celebramos con pocos familiares y contados amigos. Mi mamá estaba feliz porque pensaba que por fin me libraría del malestar que se respiraba en casa, mientras mi padre, con su indiferencia habitual, se limitó a brindar y departir con los invitados.

Bailamos y reímos… mi nuevo esposo me asechaba con su fría mirada cuando yo brindaba, mientras el alcohol se le subía a la cabeza, comenzó a coquetear con algunas invitadas incluyendo a mis parientas. A una de ellas le cantaba al oído y con otra platicaba arrinconado. Era inevitable enfurecerme.

En pocos minutos yo paseaba en el infierno y en el cielo, pues nuestra relación estaba teñida de absolutos contrastes que naturalmente me volteaban la cabeza. Le reclamé y su reacción fue prensarme del brazo para salir del salón... "No eres más que una miserable desquiciada, no sé porque inventas y fantaseas tantas cosas. Si yo quisiera me tiraría a cualquiera de estas viejas, pero te elegí a ti... no me hagas arrepentirme. Deberías estar agradecida" - sentenció.

Yo dudaba de mis propios ojos, juraba que me estaba volviendo loca, para frenar ese infierno interior decidí darle la razón, afirmando que nuestras diferencias eran producto de la inmadurez, supuse que con el tiempo cambiaría. Al terminar la noche me suplicó perdón de rodillas, prometiéndome que todo sería diferente.

Durante los primeros días de la luna de miel construyó promesas y planes... yo tenía que creer en él, pues para mí no había más que anhelo y muchos sueños. Me trató como a su musa, argumentando que era la mitad que le faltaba y que "juntos no haría frío ni calor". La tibieza era justo la temperatura de la esperanza que me mantenía firme.

Poco me duró la ilusión... en la tercera noche de festejos él salió de la habitación con el pretexto de ir a comprar cigarros, regresó hasta el amanecer. Nunca me dio una explicación coherente de donde estaba y para no fastidiar nuestro viaje me taponeó la boca con un dulce beso.

No sabía cómo reaccionar pues era usual sentir que si exponía mis emociones, él me señalaría puntiagudamente y yo finalizaría con otro hueco mental.

Aparenté ser madura y comprensiva, condescendiente y buena esposa, fingí ser tolerante y centrada para mantener la tranquilidad, porque deseaba con ahínco que nuestro matrimonio fuera exitoso.

Me empeñé tanto en amoldar la realidad a sus necesidades que permití que mis pupilas se empañaran cada vez más. Nació un gran enemigo que vivió conmigo por mucho tiempo, el rencor.

Salir de mi casa original para irme con él, era como salir de la cárcel para entrar a un manicomio. Nuestro maridaje era de hiel y no había forma de vivir si no era doblando el corazón, sin embargo me quedé a su lado muchos años más porqué él tenía algo que yo necesitaba...

IV – Raíces

¿Cuáles eran los cimientos en los que erigí la decisión de cobijarme en unos brazos que calmaban y asfixiaban a la vez?

Mis fisuras comenzaron en casa, como casi siempre sucede. En mi familia se respiraba ausencia y todos enfermamos del alma.

Mi padre trabajaba largas jornadas para darnos "lo mejor", encarpetando sus sentimientos en la agenda de trabajo. Lo recuerdo entrando y saliendo de casa con una maleta, pocas veces lo veíamos y cuando llegaba se ocultaba tras un periódico. Ocasionalmente sonreía, a excepción de cuando ganaba alguna licitación y su cuenta bancaria engordaba, misma que nunca quiso compartir a manos abiertas pues decía que sólo se usaría en "caso extremo". Para ser honesta nunca supe el significado de tal argumento.

Su personalidad tenía muchos matices machistas, pero esto lo descubrí en mi adultez. Para mí era normal atender a mis hermanos, recoger su basura y ordenar sus habitaciones. Mi padre daba órdenes y muy pocos abrazos. Las mujeres teníamos que guardar compostura y mutismo.

Mi mamá formó grandes muros en su interior, simulando que nada pasaba cuando en realidad su corazón se desmoronaba a cada segundo, pues perdió a su madre poco días antes de su boda con mi padre. Creo que esta pérdida nunca la ha elaborado y las secuelas de su dolor avasallaron su matrimonio… entre otras cosas.

Para darle sentido a su pérdida y tras no saber dónde ocultar su constante sensación de abandono, mi madre ha dedicado gran parte de su vida a ayudar enfermos y gente con necesidades, siempre ayudando a todos pero ciega frente a las verdaderas necesidades de su familia. Recuerdo muy bien uno de sus consejos… "Sé bondadosa, no hagas alborotos y honra a tu familia siempre"

Creo que el exceso de bondad también es perjudicial, cuando por ser bueno con el otro uno se convierte en su propio verdugo. Perdonar por obligación y sin consciencia es nocivo, pues en muchas ocasiones tras el supuesto perdón vacila una evasión de la responsabilidad. En mi caso por ser buena y otorgar el perdón me idioticé. Me faltó hacer alborotos pues cuando el dolor invisibiliza el alma, uno se convierte en testigo de su propia muerte. Estoy consciente, a quien tenía que honrar y perdonar era a mí misma antes que a nadie…

Tuve dos hermanos varones, Ismael el pequeño, era un chico muy popular entre sus amigos; recuerdo que era recurrente tener la casa llena de amigos, pocos límites y mucha diversión. Cuando mi padre llegaba, lo humillaba y criticaba, mientras mi madre lloraba y todos nos escondíamos en el silencio. Un día sin darnos cuenta, como era usual en mi familia, mi querido Ismael cayó con fuerza en el pozo de las drogas. Supongo que la ausencia de amor le abrió un vacío que intentaba llenar con sustancias tóxicas.

Víctor mi amado hermano mayor, fue el gran cómplice y compañero de mi infancia. Me protegía en todo instante, lo percibía como un sustituto paterno.

Poco tiempo después de mi boda mi padre enfermó gravemente y tras su entierro, los ojos de mi hermano escupían depresión, a partir de ese fúnebre momento una sombra gris lo perseguía y aunque simulaba sonreír, creo que lloraba constantemente por dentro. No le gustaba salir de fiesta, nunca tuvo una novia ni algún pasatiempo. Me daba la impresión de que se dejaba llevar a donde lo aventara el viento. Hasta que un oscuro día, el viento se lo llevó para no regresar… mi hermano se suicidó… No puede ni siquiera llorarlo como quería, mi esposo creía que le tenía un amor enfermo, hasta de su recuerdo me celaba.

Éramos una familia que se adaptaba a cualquier estilo, podíamos estar en la casa del gobernador, así como en un mercado o comiendo casero. La gente nos veía como familia ejemplar, con un padre proveedor, una madre dedicada a Dios y a los otros, y tres hijos comunes y corrientes, pero en salud. ¿Salud? Siempre estuvimos enfermos de indiferencia.

La niña que fui percibía una especie de aire contaminado en mi familia. El exceso de seriedad y formalismos, me hicieron sentir siempre fuera de lugar, ya que no me era permitido jugar mucho tiempo, sino estudiar incluso materias extra escolares, entre ellas el piano. Cuando volteo a mi infancia, recuerdo que del amor sabía muy poco. No recuerdo que alguien me haya dicho si era hermosa, valiosa o inteligente. Esto lo tuve que escuchar muchos años después, en la voz de él, mi fiero esposo.

Mi padre gritaba, azotaba puertas e insultaba a mi mamá, la cual siempre buscó conciliación, cosa que pocas veces encontró. Mis hermanos y yo sudábamos miedo y confusión. Recuerdo que en varias ocasiones creí que discutían por mi culpa y por tanto me sentía mala hija. Me cuestionaba si era mi responsabilidad que mi madre tuviera una máscara tiesa en lugar de cara…. deseaba salvarla, me imaginé muchas veces que nos metíamos en una burbuja azul en la cual no penetraba la tristeza. Esta era mi forma infantil de protegerla.

En casa no era admitida más emoción que la ira. Para papá las lágrimas y el dolor eran una ridiculez sin fundamento, mientras que para mi madre el amor era el sustento de la vida. Cuánta razón tenía… lo incongruente era que no se amaba a sí misma.

Aprendí a sentir coraje pero también a silenciarlo, silencio que dentro de mí era una bomba de tiempo. Muchas veces me mordía las manos y me golpeaba contra la pared, creo que para evitar gritarles mi frustración, pocos minutos después me sentía culpable y miserable por tener desprecio hacia mis padres. Siempre los amé con todo el corazón, pero mis necesidades no colmadas me hacían sentir impotente y en varias ocasiones dudé si tenía sentido mi existencia… que triste que siendo una niña haya vivido así.

Mi esposo me abrió sus brazos, los cuales se convirtieron en mi lugar favorito y cobijó a esa niña herida con un calor prometedor, él sería el sanador de mi gran enfermedad, el desamor en mis raíces.

V - Ámame menos

Instalados en nuestro hogar, no cabía otra posibilidad que desnudarnos al máximo frente a nuestra realidad psicológica, su carácter era muy dominante, por ejemplo, cuando le contaba de mi pasión por la música, él argumentaba que era una pérdida de tiempo e incluso me hacía dudar de mi talento. Yo me sentía tan plena y libre cuando tocaba el piano, era el único espacio en donde no pensaba nada y sentía la vida. Mis directores y compañeros me incentivaban a estudiar mucho para llegar a tocar en la mejor orquesta de mi ciudad y así fue. Logré estar entre los mejores pianistas de mi generación pero lo dejé de disfrutar, pues en lugar de aplausos, él me regalaba amenazas. Decía que conocería mucha gente y que podría olvidarlo, me insinuó varias veces que yo podría serle infiel. Parecía que entre nosotros siempre hubo un tercero que vivía en su mente, pero que yo nunca conocí.

Mi agridulce compañero me quería "salvar" de cometer otra estupidez, pues me recalcaba que yo no podía hacer nada bien sin él… Entre más me aplastara, más se empoderaba. Llegué a sentir que también tenía celos de mi piano… En realidad él temía que yo pudiera despertar y dejarlo. Él me prefería a medio vivir para que su aire fuera mi única medicina.

Entre sus carcelarias propuestas figuraban los intercambios, si yo daba un concierto en la sinfónica él se iría a beber y perder la razón. Esto significaba noches de desvelo, angustia y mucho asco… una vez más amortajé mis palabras y mis deseos. Fueron pocas ocasiones en las que hice lo que quería pues los efectos secundarios me partían en dos.

Yo oscilaba entre la devoción y el miedo, así era imposible ver mi propia sombra. Sus celos eran justificados por el amor que sentía por mí, trataba de llenarme la cabeza con el pretexto de protegerme, pues decía que la intención masculina infalible era el encuentro sexual con mujeres inocentes como yo.

¿De quién realmente trataba de protegerme?

Él era la única amenaza real en mi existencia.

Mientras me daba todas sus razones, lo imaginé muchas veces diciéndome...

Te quiero... Quiero tus pensamientos, necesito que sólo yo esté en ellos.

Te quiero... Quiero tus sentimientos, no ames afuera, me atemoriza me compares.

Te quiero... Quiero tus deseos y tu sonrisa, no te diviertas tanto sin mí, podrías preferir dejarme.

Te quiero... Quiero hacerte una jaula de diamantes, porque cualquiera pudiera robarte.

Te quiero... Quiero tu cuerpo y tu tiempo, tenerte, amarrarte a mí para asegurarme que no hay posibilidad de que me engañes.

Te quiero... tanto... mientras me quiero tan poco.

Te quiero... amor... Págame con tu absoluta entrega, porque eres buena, porque por eso te elegí.

Te quiero... me duele lastimarte, prefiero torturar tu mente antes de que otro me gane, no me hagas castigarte.

Te quiero... pero te prefiero moribunda, sólo a mí necesitándome.

Si vas a dejarme, prefiero atravesar el velo de tu piel y marcarte como mía, para que todo el mundo sepa que este amor que te tengo me otorga el lugar de tu dueño-amante... te quiero.

"Una dosis casi imperceptible de celos es necesaria o natural en el vínculo amoroso, pues presuponen el miedo a ser arrancado del amor del otro. Estos celos nacen a partir de una situación real sin derivar en conductas violentas y son funcionales en la medida que protegen la relación, pero la celotipia (percepción y sensación enfermiza de traición y celos) es absolutamente disfuncional"- encontré esta definición en un libro de psicopatología mientras armaba mi rompecabezas emocional.

Siempre percibí que sus celos sobrepasaban los límites normales, pero como yo no tenía nada que esconderle ni de qué avergonzarme, estaba segura de que él llegaría a confiar en mí.

Su persecución me demolió mil veces, pues su intenso delirio me estaba volviendo loca. Confieso que yo también era celosa, pero había una notable diferencia. Yo estaba segura de que él mantenía relaciones extramaritales pues había muchos indicios como llegadas tarde, bajo alcohol decía que había cometido errores imperdonables, comparaciones vulgares con otras mujeres y me invitaba gustoso a celarlo.

Jamás aceptó sus traiciones, argumentaba que el "monstruo de la azotea", como nombraba a su mente, se apoderaba de él y lo obligaba a inventar historias para dañarme. ¿Por qué necesitaba dañarme si decía amarme tanto?

La biografía de nuestra cama nunca dejó de ser tóxica. En varias ocasiones tuve infecciones ginecológicas y me aterraba lo que él fuera a pensar. Me mediqué sin hacérselo saber. Alguna vez me dijo que tenía molestias en los genitales y como era obvio me persiguió interrogándome hasta hacerme sentir sucia. Yo no podía confesarle que había tenido infecciones, por supuesto por su culpa, ya que el infierno ardería hasta quemarme por completo.

Un día me regaló de cumpleaños un teléfono móvil de alta tecnología, mi reacción fue ambivalente porque me gustaba que tuviera detalles, pero no entendía para que me daba un celular tan novedoso si no tenía como disfrutarlo al cien por ciento. Al otro día conocí cual era la diversión implícita en aquel regalo, me llamaba a todas horas para revisar mis actividades, que por cierto sólo eran recorridos de la bodega a la sala y de la sala a la cocina, para terminar rendida en mi cama fría al anochecer.

Me enviaba mensajes sabiendo cuando yo los leía y si no le contestaba comenzaba a sospechar. Me hacía video llamadas para verificar que estaba en el lugar que le yo le decía, e incluso me pedía que me desnudara para que él jugara un rato con mi imagen mientras se encerraba en su oficina. Nunca vi nada malo en tencr esos juegos sexuales, pues es parte del acontecer en una pareja, sin embargo algo dentro de mí seguía dudando de sus intenciones… mi esposo guardó en su celular algunas imágenes mías desnuda, mismas que usaba para chantajearme con mostrárselas a mi familia si yo no hacía lo que él quería.

En varias ocasiones supe que me estaba siguiendo cuando iba a hacer las compras o algún pago bancario. Cuando lo encaré me dijo... "Sólo estoy protegiéndote y evitando que algún delincuente te haga daño princesa"

Él era como una serpiente, sigiloso pero de movimientos mentales rápidos, sabía anudarme y yo fingía que había apretado muy bien el nudo... en el fondo él era un ser miedoso, inseguro y débil que necesitaba amedrentar para creer que tenía fuerza y perseguirme para que nadie lo descolocara de su trono ficticio.

Sus celos enfermizos fueron el fuego de casi todas nuestras hogueras, jamás entendí porque temía tanto una infidelidad.

Después de mi exilio emprendí un proceso terapéutico que despejó mi brumosa mentalidad, así como también rellenó los espacios en blanco que tuve antes de dejarlo.

Comprendí entonces, que cada vez que él me era infiel o tenía intensas fantasías, sus celos se incrementaban, pues temía que yo lo traicionara de igual forma.

Detrás del telón de sus celos él siempre fue infiel y los hombres a los cuales les quería romper la cara si se me acercaban, no eran otros más que reflejos de él mismo.

Él decía que sus celos eran proporcionales al amor que juraba tenerme, yo se lo rogué varias veces... Amor, ámame menos por favor.

VI – Ceguera

Otra cuerda floja en nuestra relación era el uso del dinero... Con el pretexto de no verme desgastar en el trabajo, él me ofreció el "fabuloso" trueque de renunciar a cambio de vivir como una reina. Confieso que económicamente le iba bien y que dinero siempre había, por supuesto gobernado por él.

Antes de retirarme de la música, me exigía que le entregara mis ganancias con el sutil pretexto de reunir nuestros ingresos en una sola cuenta para que los intereses fueran más altos y así diseñar nuestra libertad financiera. Jamás percibí a su lado nada parecido a la libertad ya que su estrategia era controlarlo todo sin excepción y reducirme a cenizas para vigilar cualquier posible vía de escape. Pero esto, como muchas cosas más, las comprendí hasta mi salida...

Mi esposo era un gran seductor, pues sus palabras lograban que yo abandonara mis argumentos y le fuera fiel a los suyos. El dinero nunca lo gocé ni tampoco vi materializar ninguna de sus promesas.

Tanto el refrigerador como la alacena siempre estaban abastecidos, pero yo no podía comprar sin previo aviso. Pocas veces me dejó dinero en efectivo pues era su forma de supervisar que no cometiera "estupideces financieras", como él lo clasificaba. Yo pagaba con una extensión de sus tarjetas bancarias y así él podría gestionar todos mis movimientos. Para mis gastos y gustos personales había un margen muy limitado, pues era usual que me arrancara las ganas diciéndome que yo era hermosa al natural y que entre más sencilla me vistiera, más elegancia mostraría. Nunca me lo creí, pues mi ropa me avejentaba y sabía que podía lucir mejor con algún accesorio o maquillaje, sin embargo, renuncié a pelear pues entre mi baja autoestima y el miedo, mi silencio era el aliado para mantener la paz, porque cuando le decía que no estaba de acuerdo en algo, él me anulaba arguyendo que nunca había faltado techo ni alimento y que mi frivolidad era lo que me impulsaba a pedirle dinero. Y así se añadían etiquetas a mi personalidad: frívola, tonta, golfa, infame, ingrata, perra, superficial... dejé por completo de creer en mí y el repudio le estaba quitando espacio al amor.

Por supuesto mi vida social se redujo a deambular a su alrededor, mi esposo era mi grupo de amigos, mi familia, mi pasatiempo, mi deber y mi trabajo. Él era el filtro por donde veía pasar la existencia, era mi único permiso.

Solía sentirme orgullosa porque me llevaba a la gloria cuando yo seguía con inteligencia sus directrices... en mi ensayo por rescatar el amor de donde fuera, pensaba que estaba aprobando los exámenes que él imponía. Creí que estábamos alcanzando juntos el crecimiento interior que por fin nos mantendría en armonía. Por tanto yo tenía, debía y quería ser cada vez mejor, pues la recompensa de un amor sereno y de larga duración, era mi más grande sueño.

Llegué a la conclusión de que la ilusión es un engaño a los ojos, una percepción subjetiva de una realidad inexistente que se acomoda a lo que uno quiere ver.

Yo ya no era yo, me convertí en su producto y por tanto sus ideas y creencias se fijaron tanto a las mías que creí en la luz cuando sólo había oscuridad. "Ya casi me entiende, ya casi cambia, ya casi acaba el infierno, ya casi alcanzamos el cielo…" Nunca nos alcanzó.

Me elogiaba y festejaba cuando cumplía con sus expectativas, por ejemplo, dejar a mis amigas pues según su perspectiva siempre machista, ellas me incitarían a acciones que provocarían nuestra guerra. En pocas palabras, ellas eran unas mujerzuelas y yo un títere sin cerebro y de piernas fácilmente abiertas.

Nunca estuve de acuerdo con sus falsas ideas pero me contentaba cuando nos metíamos en nuestra cápsula de caricias y bienestar. No me importaba si fuera de casa el mundo giraba de cabeza mientras él y yo estuviéramos en paz.

En ocasiones intentaba auto convencerme de que nuestros problemas se debían a su irascible carácter, mismo que aprendería a dominar. Me vendí la idea de que al ser un hombre pasional hacía cosas sin conectar razón y emoción, sin embargo pensé que en nuestras batallas triunfaría el corazón. Que engaño tan absurdo me compré… muy por el contrario, nuestro recorrido matrimonial se retorcía cada vez más hasta traspasar cualquier frontera de mi salud mental.

Él era dueño de la casa, el auto, las cuentas, los muebles, mis neuronas y mi aliento. Yo… una mendiga en mi propio hogar. ¿Pero me quedaba por que me gustaba sufrir? ¿Fui una idiota por no ponerle un alto? ¿Era una masoquista gozando del dolor? No y mil veces no…

El cómo me enganché tanto en esta situación tiene una explicación que encontré hasta después de reconstruir mi realidad…

Y lo mejor que he hecho después de comprender esta maraña emocional, fue perdonarme por soñar desde mi ceguera…

VII - Con el alma rota

Sus palabras cimbraban mi interior e incluso su silencio amenazante acompañado de una mirada castigadora eran suficientes para prever días de holocausto.

No pensaba que esto fuera violencia, creí que era el resultado de su pésimo carácter y el estrés en el trabajo, aunado a una grave falta de comunicación. Por supuesto que nos comunicábamos, el lenguaje era su agresión acompañada de mi forzada sumisión. Hablábamos a través de nuestras fisuras, cada golpe a mi cerebro hecho con los puños de su rabia era una comunicación muy clara. El anuncio era siempre: tú eres mía.

Entre los enamorados es usual decir que uno es del otro, que no se puede vivir sin el amor del amado, que la vida no tendría rumbo si se ausenta el amante, etc. Comprendí que esto suena bien pero se siente muy mal cuando se convierte en realidad.

Las palabras "rosas" que ocultan un corazón enredado, no se las lleva el viento, se convierten en palabras hechas con vidrio... desgarran.

Fueron muchos años en los que me sentí enclaustrada y perseguida en una cárcel mal llamada hogar... agridulce hogar.

Los fines de semana me llevaban a "pasear". Me sentía como la mascota que mueve el rabo cuando el dueño le muestra la cadena y el perro tiene libertad para orinar cada árbol a su paso. Estoy segura que un animalito la pasaría mejor que yo, pues mi "amo-r" tomaba las decisiones del lugar a visitar, cuánto gastar, qué vestir para la ocasión y cómo disfrutar. Él lograba convencerme qué era lo correcto e incluso de modular mi voz, pues me decía que me veía vulgar al abrir tanto la boca para carcajear. Yo me sentía ignorante, poca cosa, tonta, perdida... él se engrandecía al girar mi mundo sobre su dedo y dirigir mi voluntad perdida a su antojo. Había logrado gran parte de su cometido, oprimirme mientras se fortificaba.

Visitábamos sitios exclusivos, conocimos playas hermosas, comidas exóticas para luego cobrarme con un baile forzado sexual. Obtener algo de él no era gratis...

Cuando él quería traerme de adorno, me compraba ropa muy cara que luego destruiría en algún arrebato. Varias veces desaparecieron joyas y en el velo del misterio "perdí" cosas importantes para mí, como un anillo de mi abuela. Él sabía cómo fastidiarme hasta la médula.

También hubo momentos en los que, desde mi miserable autoestima y férrea creencia de poco merecimiento, lo percibía como buen hombre pues gastaba su dinero en mí, cosa que incluso me causaba vergüenza.

Me sentía más que incómoda al estar en una continua montaña rusa, pero también aprendí a no darle lugar a mis sentimientos. Callar y aguantar, llorar a solas y rezar, pelear y enloquecer, aullar y ahogarme con mis propios gritos... este era mi ciclo.

Frente al mundo portábamos una sonrisa majestuosa mientas enroscaba su mano a la mía, misma que apretaba impetuosamente cuando él consideraba que me estaba saltando límites, por ejemplo, si volteaba a ver a cualquiera, cuando quería algo costoso o bien cuando se me ocurría comer algo que me engordaría, etc.

Mi autoestima se estaba disolviendo como lo hace el café en el agua, mis gustos se los robaba el tiempo y mis ganas de vivir se caían como hojas en otoño, a montones…

¿Porque continuaba si padecía tanto dolor? Esta era la pregunta por excelencia. Tuve muchos intentos de irme pero él juraba en nombre de su madre, que por cierto era el emblema de su vida, que haría lo posible para hacerme feliz.

Me suplicaba, se arrodillaba en incluso me advertía que se suicidaría. Me llenó de detalles, como poesías, regalos, sorpresas, cartas, fotos, videos, etc. en su proceso de reconquista.

Él sabía que hilo jalar para que yo regresara. Después de varias veces, por supuesto ya no le creía, pero daba tregua… En el fondo me sentía la heroína que lo haría tocar la "mal manoseada" felicidad.

Hoy comprendo que la felicidad no la construye nadie, pues es una ruta que se cimienta bajo los pies que andan. La felicidad se agranda si te acompañas de otro que es feliz o está en el proceso, pero jamás nacerá de alguien quien se encuentre con la cabeza atravesada de tormentos. La felicidad es un camino para compartirse, no para exigirse ni robarse.

Con sus promesas y una gran retórica del amor, el volvía a encadenar cualquier intento mío de supervivencia.

A mi corazón le quedaba un hálito de olor esperanza, por eso también me quedaba. No era la esperanza de que él cambiara, esta ilusión para mí era después dc muchos intentos, un recurso desgastado.

Era el disfraz de la angustia y el miedo. Necesitaba existir para alguien, precisaba un lugar en el mundo de lo familiar, no podía estar sola, odiaba fracasar, buscaba evitar la vergüenza del juicio social, el terror de no ser autosuficiente y la esperanza de saber que no podía estar tan enferma... ya que si luchaba y mi bandera de triunfo se ondeaba, le comprobaría a mi mente y al mundo que a pesar de las tormentas, la calma había llegado a mi casa.

Aún con el interior amoratado, no quedaba otra salida que luchar. Y así es como seguíamos viviendo, luchando... uno frente al otro como si estuviéramos preparados para combatir a muerte en un ring.

Otra faceta de su egoísmo y nula empatía era el rechazo a usar preservativo, pues decía perdía sensibilidad. Olvidé tomar las pastillas, que por cierto detestaba, y me embaracé. La luz estaba regresando a mis pupilas, me imaginaba a mi bebé cambiando el rumbo de nuestra existencia. Hoy comprendo que ningún hijo debe ni merece cargar con las grietas de sus padres, aunque la fuerza del árbol genealógico es ineludible. Cuanto hubiera sufrido mi hijo si estuviera vivo.

La obviedad de mi felicidad lo aterró, me decía que ya no tendría tiempo para él y que lo dejaría en segundo plano.

No pude ser lo suficientemente fuerte para proteger a mi hijo ya que no sabía cómo defenderme de los colmillos de mi marido, los cuales se encajaron a profundidad en mi cerebro al advertirme que si lo dejaba nacer se lo regalaría a una familia extranjera... enmarañándome con su lengua venenosa me obligó a perderlo.

Preferí regresárselo a Dios, llena de vergüenza y terror, pues no podía imaginar que una criatura se viera sometida a tan tremenda intimidación, no era justo darle un padre tan retorcido a un hijo que jamás hubiera sido amado por él.

Ahí dejé de amar tanto a mi marido, más no de necesitarlo. Seguimos muchos años más juntos, mismos en los que trató de convencerme que había hecho bien.

Mi corazón sigue de luto, haber negado a mi hijo fue negarme como creadora para siempre.

Es verdad, nunca me golpeó el cuerpo, pero su sentencia cimbró hasta mis entrañas y al paso del tiempo me quedé con el alma rota.

VIII - Por fin

En una situación como la mía, el voltear para buscar posibilidades y respuestas era un ejercicio donde el resultado se convertía en más hundimiento, pues la violencia va desmoronando valores, creencias, pertenencias y la ética con la propia vida. No es un asunto de idiotez o masoquismo, es un rumbo perdido cuando el miedo protagoniza.

Comprendí que cuando se pinta con amor, la angustia no tiene lugar, quien ama no somete a su pareja sino le ayuda a que crezcan sus alas. Cuando se dice amar pero al mismo tiempo hay sufrimiento, es mejor renunciar que retener. El amor empieza en el espejo, es decir a uno mismo, todos los días, a cada hora debemos mirarnos y preguntarnos como podemos seguir construyendo la felicidad... y esto es lo que me faltaba, un trozo inmenso de decisión y voluntad.

Mi vínculo era venenoso, no había amor, era una terrible y enmascarada codependencia. Me retiré de ese perverso juego en el que estábamos inmersos, el día en que saqueó lo que quedaba de mí.

Una noche, como le era común y estando bajo los efectos del alcohol, me llamó por teléfono para vomitarme su locura, misma que acrecentaba la mía. Amenazaba con no regresar, me insinuaba que estaba con mujeres, chantajeaba si no le decía cuanto lo amaba... De mi pecho ya no emergía nada, pero de mi boca tenía que salir la música que a él le colmaría el ego. Al regresar a casa, mi cabeza estaba

---

más destruida que nunca, mi alma cansada y mi espíritu goteaban lágrimas de impotencia.

Le exigí hacer "La prueba" como él la denominaba. En muchas ocasiones me forzaba a desnudarme y escanear sádicamente mi cuerpo, me abría las piernas y entraba sigiloso olfateando como un lobo que babea por su presa, pero a la vez como un detective que buscaba entre mis flujos un indicio de infidelidad… Momentos más humillantes no existieron, revisaba y olía mi ropa interior, revisaba las sábanas de nuestra cama y penetraba en mis ojos para encontrar su verdad… verdad que no sé si le causaría dolor o algún tipo de placer.

Temeroso de una traición de mi parte, me obligaba a permanecer inmóvil hasta que él garantizara que seguía siendo una esposa digna y confiable, esto no era otra cosa que la proyección de sus deseos y acciones.

Según me explicó mi psicóloga, el mecanismo de defensa de la proyección es una maniobra de la mente por medio de la cual la persona expulsa de sí mismo pensamientos, sentimientos, cualidades o deseos y los coloca en el otro, mismos que rechaza dentro de sí.

Me había cosificado, pero en mi pecho aún había algo de vida, misma que me impulsaba a salir de ese escenario de terror. Algo de venganza circulaba por mis venas, necesitaba verlo humillarse o esconder la cara bajo mis pies. Mi enajenación precisaba ver, sentir y oler la verdad: Él siempre fue infiel… siempre lo supe, así como el hecho de que nunca iba a cambiar.

Un frío me recorrió cada poro y una voz interna me afirmaba lo que años atrás sabía pero negaba afrontar: él era mi carcelero, él no amaba, yo no lo amaba más, él no cambiaría, yo no encontraría mi felicidad a su lado, él no era mi refugio, yo no era el vientre donde se regeneraría, él no era lo que yo creía que parcharía mis huecos del alma. Éramos juntos, un malentendido y ofensa para el amor.

Intentaba obligarlo a desnudarse y convertirlo en una cosa para saciar algo muy enfermo dentro de mí, tal como él lo hizo un sinfín de veces. Yo buscaba una especie de represalia empática.

Yo había perdido tanto que nada me garantizaba tranquilidad, era tan constante mi temor frente a sus periódicas revisiones, que me borré a mí misma y pretendí ser tan sádica como él, mimetizándome a su perversa conducta de rastreo con la finalidad inconsciente de protegerme. Yo pensaba que si éramos iguales ya no tendrían efecto sus daños. Necesitaba que me comprendiera a partir de lo que él me hizo sentir muchas veces, me era desquiciantemente necesario que se reflejara en el espejo de mi venganza. En pocas palabras, quería ser tan "cabrona" como él.

Mis intentos fueron fallidos otra vez, pues sin excepción fui caldero de su perversión, por última ocasión... Me ato de manos y me violó... él creía que me hacía el amor.

Mis manos fueron presa de su fuerza, me ató al frío respaldo de la única silla que no hacía juego con nuestro mobiliario, me anudó tan fuerte que me era imposible escapar.

Pataleé fuertemente mientras le decía el asco que me provocaba, en ese momento aún no me violaba y yo pensaba que solo me estaba castigando.

Se acercó con sigilo cual serpiente y frotó sus labios en los míos, aprovechando el momento, lo mordí fuertemente y reaccionó devolviéndome la mordida... ambos sangramos y me dijo: "¿Lo ves? Compartimos sangre, nunca podremos separarnos".

Le escupí carmesí sobre su fina camisa y le grité con la energía que aún me quedaba "Eres una basura, te faltan huevos, hijo de perra madre, estás enfermo... ¿crees que eres muy buen amante? ¡Eres una mierda!", siendo éstas las últimas palabras que me escuchó.

Se arrancó la corbata y la enterró entre mis dientes, lengua y garganta. En voz suave y clavándome la mirada me dijo: "Vas a gemir gracias a esta mierda" se quitó el cinturón y bajó sus pantalones.

Cada beso me tatuaba la piel dejando un código de barras que lo hacía creer que era mi dueño. Me decía lo mucho que me amaba. ¿Amor? ¡Yo estaba atada, allanada en mi libertad!

Él babeaba sobre mis piernas, las cuales se abrían fuertemente a pesar de mi resistencia. Yo me sacudí tanto, hasta que perdí toda fuerza, y cuando me vio debilitada entró a mi cuerpo con tanta violencia que parecía me había partido en dos, cada movimiento que hacía lo acompañaba de una risilla torcida. Tarareaba la canción de nuestra boda, mientras gemía y yo me moría... dos gotas de su sudor cayeron sobre mi cara cuando explotó su placer dentro de mí, gritando: "Tú eres mi diosa, mi perra, mi locura, mi mujer, mi ley". Cuando terminó su hazaña dentro de mi desgarrado cuerpo, que no me dolía tanto como el alma, me quitó la corbata de la boca y me miró con lástima diciendo con su lengua de navaja..."Tú me orillas a esto". Se premió con dos tragos de whisky y se acercó para besarme la frente como un acto de falsa misericordia.

Su mirada de pantera que algún día me enamoró, me persiguió por muchos años al igual que el repugnante olor de su sudor y sus besos.

Yo sabía que a él le aguardaba una noche de parranda pues le era habitual ahogar en alcohol nuestros desencuentros. Lo que sucedió rebasaba cualquier desencuentro, yo me sentía tan perdida, tan cosificada, tan muerta, tan nadie.

En total silencio tomó sus llaves, el saco, la cartera y su falta de compasión. Me miró con tanto desdén y cerró de golpe la puerta. Ahí surgió en mí una fuerza iracunda que me hizo luchar por desatarme de todas las formas en las que me había anudado. Jalé, tiré, y hasta de la silla me caí hasta que poco a poco fui aflojando la cuerda. Decidí levantar mis cenizas y no volver a pisar fuego nunca más. Me dio tanto asco lo que hizo conmigo, así como lo que me dejé hacer (en todos los sentidos, a lo largo de todo nuestro tiempo unidos) que no había en mi otra posibilidad que salir corriendo. Él confisco mi sensatez por completo, pero de algún lugar saqué la cordura para ponerme de pie y abrir la caja fuerte donde había guardado mi vida y huir. Brotó el ansia por reencontrarme, lejos, muy lejos de él posiblemente volvería a encontrar las piezas que se fueron cayendo en el camino.

Por fin tenía la certeza de irme, por fin no lo volvería a ver, por fin terminaría el infierno a su lado, por fin la mariposa que dormía dentro de mi tendría oportunidad de colorearse…

Desconocía hacia dónde dirigirme, pero lo único que sabía era que el techo se había caído sobre mí y debía sacarme de los escombros.

Han pasado muchos años para poder comprenderme y reconocer lo enferma que estaba mi alma.

Mi enfermedad tiene nombre, se llama

VIOLENCIA INVISIBLE O SUTIL

IX - Sanguijuelas y larvas

Llegué a un hotel barato, arrojé mi mochila y busqué conectarme a internet, pues me palpitaba la idea de buscar la dirección electrónica de una antigua amiga de Víctor, mi hermano. Supongo que cuando eran adolescentes ella estaba enamorada de él en secreto y siempre la percibí amorosa y honesta. Después de la muerte de mi hermano, ella fue una de las pocas personas leales al dolor de mi familia y mantuve contacto parcial por medio de correos electrónicos y esporádicas llamadas en las que siempre me dejó la puerta abierta de su amistad. Ella radicaba fuera de la ciudad y se dedicaba a velar por los derechos de poblaciones marginadas y personas en situación de riesgo. Le escribí inmediatamente desde una cuenta nueva y borré todos los mensajes que pudieran darle rastro a mi esposo si buscaba alguna pista para encontrarme.

Ella me contestó al otro día, ofreciéndome su casa para refugiarme mientras regresaba la sangre a mi cabeza. Así lo hice, con una pesadilla viviente a cuestas tomé un autobús con destino a su ciudad. Le llamé a mi madre de un teléfono público para darle la tranquilidad de que yo estaba bien.

El sol refulgente me dio la bienvenida a esa ciudad, pero yo continuaba tiritando. Aunque estaba a muchos kilómetros de él, mi estado era tremulante pues el terror de su recuerdo me perseguía en forma de angustia.

Ella estaba esperándome en la estación con los brazos abiertos. Me envolvió en un mimo tibio como si fuéramos amigas entrañables y estuvimos así varios minutos hasta que mi pecho estallo y rompí en llanto, su presencia era la única posibilidad de refugio para encontrar el camino que me regresaría a mí misma.

Deseaba con fervor borrar el pasado y emprender una nueva vida, pero ella me hizo ver que no podía cerrar los ojos y necesitaba proceder de forma legal.

Primero me dio contención, escuchando la ácida cronología al lado de mi esposo, hablé hasta que mi garganta se secó al tiempo que se liberaba. Mis sensaciones eran ambivalentes, pues sentía que estaba haciendo lo correcto y al mismo tiempo me sentía temerosa y culpable, cosa que se reflejaba como un profundo vacío al centro del estómago.

Mi nueva amiga me explicó que psicológicamente yo me sentía esclavizada por él y que la confusión en la que me encontraba era producto de la indefensión que aprendí. Estaba segura de que él no podía soltarme tan fácil y que algún día me volvería a encontrar. Me sacudió el alma pensar en ello y el miedo aturdía mis ideas haciendo que mi fuerza perdiera orientación.

Ella me pidió permiso para aplicarme algunas técnicas de desbloqueo emocional, mismas que había adquirido en la experiencia de intervenir en las crisis de cientos de mujeres violentadas. Esto sólo era el inicio de varias tácticas que tuve que efectuar para poderme emancipar de mi verdugo.

Ella parecía cocer donde yo estaba deshilachada, hablando con firmeza cuando era necesario y rellenando con amor donde había espacio. Su mirada comprensiva y sus conocimientos me dieron el impulso para planificar mi siguiente paso. Necesitaba salir de mis emociones para entrar en la lógica de las leyes y así rearmar mi cabeza para ser coherente frente a una declaración.

Pensé que él podía acusarme de abandono de hogar. Como no teníamos hijos yo no incumplía con el deber del cuidado de éstos tras mi salida, me explicó ella. Por otro lado, dada la violencia que padecí, mi escape de casa era justificable legalmente, aunque era difícil demostrarlo, y cuando es así el abandono de hogar no es tipificado como delito, en este caso la máxima "repercusión" para mí era el divorcio. Dudaba que él me demandara, pues lo único que con seguridad querría es volverme a atar. También aprendí que si en un plazo de 30 días yo presentaba la demanda de divorcio, él no podría demandarme por abandono.

A los tres días de irme me presenté a declarar. No sabía cómo iban a acomodarse las piezas pero estaba haciendo que se movieran. Mi deber era denunciarlo... incluso por violación. Tanto mi amiga como su compañera abogada me incitaron a hacerlo, aunque ir con el médico legista no fue nada sencillo. Abrir mi intimidad para que otro encontrara huellas de violencia, ha sido uno de los momentos más difíciles para mi feminidad, pese haber sido tratada con decoro y respeto.

En mis muñecas había rastros del sádico amarre que hizo al violarme, así como restos de él dentro de mi conducto de vida...

Admiro el valor que tuve, el cual pensé que se había muerto conmigo.

La demanda y su resolución tomaron un tiempo, en el cual no podía perder el enfoque. Evidentemente él buscó la forma de que lo perdonara una vez más, al ver que yo ya no daba marcha atrás, sus amenazas cobraron un lugar preponderante. El declaró frente al juez que yo le había sido infiel en varias ocasiones, así como que la violenta era yo.

El trajín era desgastante y muchas veces quería soltarlo todo para no seguirme deshojando, pero la construcción que estaba haciendo era un premio para mí y mi dignidad, construí un muro para no dejarlo regresar nunca más.

Comencé a tomar psicoterapia, que más allá de ser un proceso, era un acto obligado para dejar las muletas de la dependencia y volver a andar con mis propios pies. Sin este continente se hubiera dificultado aún más el litigio. Primero tenía que aclarar quién era yo y cuales eran mis deseos, para luego tomar decisiones asertivas, sin temor ni dudas.

Al transcurrir las sesiones dejé de apuñetear a mi espejo e hice visible lo invisible, expuse mis heridas y hablé como nunca antes, pues no había más cura que dialogar con mis ogros internos, sin juzgarlos. Abandoné la culpa para adquirir responsabilidad y decidir con que tinta quería escribir mis próximas líneas de vida.

Mi intención era poner cada cosa en su lugar, sin embargo nunca pretendí algo material que proviniera de él, pero por ley me correspondía el 50% de los bienes que adquirimos después de casarnos, y así lo dictaminó el juez… junto con la sentencia para él de ocho años en prisión por el delito de violación sin posibilidad de fianza.

Me sentí contrariada, pues un parte de mí lo odiaba en extremo y deseaba que se apolillara en una catacumba de soledad y vergüenza, mientras la otra parte sólo quería amnesia total. Él mismo se privó del amor y la libertad al negar que de sus grietas emergían feroces dragones...

Quien mal ama, anega su corazón y su alma en un pantano de sanguijuelas y larvas.

X - Piel de cadáver

Tristemente mi involución emocional comenzó muy temprano, la niña que fui percibió mucha agresión cuando no me miraban, al crecer no tenía una definición de mí misma más que ser una del montón.

La agresión también la percibía en insultos y gritos cuando mis padres alejaban sus corazones y perdían el control, así también cuando mi madre estaba tan inmersa en su pena que no tenía tiempo para cargarme de energía e invitarme a explorar el mundo. No tenía la seguridad de una mano que me tomara si me caía, pues mi padre estaba tan absorto en sus pensamientos que no tuvo tiempo ni ganas de cubrirme si me llovía tristeza. Así es como mi hermano se suicidó, en la búsqueda de evadir el vacío pues nadie le había preparado para ningún platillo de confianza. Todos bien descocidos sin saber dónde encontrar aguja e hilo…

Llegada mi adolescencia, etapa vital en donde se es más vulnerable a la violencia de pareja (dada la falta de experiencia, inmadurez, ausencia de un proyecto claro de vida, carencia de límites, etc.) le abrí las manos a la esperanza para que me fuera otorgado el regalo de amar. En ese entonces creía que tenía que buscar el amor, ahora sé que me fue dado incluso antes de encarnarme…

Cuando encontré la oportunidad, inconscientemente me prometí hacer lo que fuera para no dejarla escapar. Cuando comenzamos el noviazgo encontré la ocasión para sentirme importante y encaminar mi vida hacia donde suponía que habría rumbo.

Tenía hambre y como resultado de mi pobre autoestima comí de las manos de mi pareja desechos emocionales, a cambio de no estar sola, esto lo pagué caro muchas veces cuando me amenazaba, celaba, acorralaba. En esos momentos prefería consumir su basura en lugar de morir de inanición del alma si él me dejaba.

Para amar se requiere de libertad, esto significa que no se necesita del otro para ser (ser felices, ser mejores, etc.) Si cada uno tiene medianamente abastecida su "cocina emocional", será posible degustar de la vida, en cambio si la hambruna es un estado continuo, al primer aroma de amor las personas se vuelven voraces.

Ambos estábamos chuecos sin saberlo y buscábamos nuestras vértebras en la columna del otro. Juntos nos seguimos torciendo, sin embargo, el postre del perdón parecía saciarnos.

Claro que éramos uno para el otro, los dos éramos víctimas y victimarios, los dos huíamos de nuestras inseguridades, los dos buscábamos quien nos cubriera los huecos que traíamos en el corazón. Los dos nos juramos amor eterno y como dos trenes que avanzan a gran velocidad, chocamos de frente… nos destrozamos.

Esto es lo que circula en las relaciones enfermizas, dos hambrientos que al encontrarse devoran lo que se le ponga en frente, la carne que se comen no tiene nada de nutritivo pues es piel de cadáver.

XI - "Déjà vu"

Él pertenecía a una familia cuyo padre era violento, pues lo humillaba, se burlaba y lo golpeaba a la menor provocación. Cuando era niño, su madre fortificó el odio hacia su papá haciéndole jurar que él tendría que ser fuerte y que jamás la abandonaría. Su madre rezaba la terrorífica frase: "En el amor no hay muerte, ni separación, ni adiós".

Desde pequeño cargó con la insaciable consigna materna de tener que ser la pieza que a ella le faltaba, ambos creyeron que uno le daría la felicidad al otro… pero como esto no es posible en ningún caso, al encontrarme quiso volverse mi "Todo" sustituyendo a su madre conmigo.

La promesa hecha a su madre le marcó el destino de una forma feroz. Él necesitaba ser necesitado para tener valía. Se quería meter en mis ojos para que sólo a él lo mirara, me secuestró las ganas de respirar otro aire que no fuera el suyo, impedía cualquier tipo de adiós de mi parte, y así lograba cumplir parcialmente su juramento…

Por mi parte yo lo permití porque lograba sacarle brillo a mis sonrisa cuando le hacia el amor a mi oído y me calmaba los miedos de mi niña interior… así enamoró a mi mente.

Me explicaba mi psicóloga: "En el inconsciente se alojan todas las reacciones afectivas a las que la persona es expuesta, mismas que dejan marcas en el psiquismo para toda la vida. En la relación con los padres se configuran las relaciones amorosas futuras. El inconsciente está repleto de fantasmas, una especie de biblioteca afectiva de todos los seres amados y odiados en nuestra historia. Estos fantasmas dictaminan nuestras elecciones de pareja…"

Las muchas horas de terapia y pañuelos desechables me hicieron comprender lo que por mucho tiempo practiqué a su lado, una especie de fases que a los ojos de cualquiera parecerían una obra pavorosa de incesto, sin embargo, comprendo el lugar que tuvo mi inconsciente en mi elección de pareja. Si te has enamorado, lo sepas o no, has transitado por este sendero…

Familiaridad: Desde que mi ex esposo y yo no conocimos había una especie de familiaridad, me sentía cómoda a su lado y me daba el confort de sentirme acompañada y escuchada.

El inconsciente reconoce que el otro se parece a algún ser amado del pasado infantil que satisfizo necesidades afectivas. Por tanto enamorarse de uno y no de otro nunca es cuestión fortuita.

Intimidad: Nuestro noviazgo iba sumando meses, pero ambos sentíamos que nos conocíamos años atrás, entre nuestros abrazos no cabía el vacío. Me sentía en la intimidad que tuvimos mi madre y yo cuando me amamantaba. Evidentemente esto era inconsciente y lo descubrí, como tantas cosas, en una tarde de diván.

En esta pasajera regresión estaba en un abrazo materno mientras él me acariciaba y me hablaba como si fuera su bebé. ¿O no es así como muchos amantes se dicen y se tratan? (bebé, mi niña, chiquito, etc. acompañado de balbuceos que en la adultez suenan cursis)

Reencuentros: En mi mente inconsciente se reactivaron las señales del bienestar. ¿Cómo no íbamos a enamorarnos uno del otro? En nuestra fusión no estábamos solos, habitaban algunos recortes de nuestros padres, lugar en que ambos tocábamos la gloria.

Así es como todos "elegimos" amar, tu, él y yo no somos independientes de nuestra historia, desde ese lugar del amor infantil hacemos la selección de a quien habremos de darle el "si para toda la vida".

Complementariedad: Jamás me sentí inteligente (pese a que mis notas escolares eran de excelencia), ni tampoco extrovertida y al conocerlo vi en él la inteligencia y capacidad social que yo quería tener. Esto es sólo un trozo del por qué pensé que él era mi complemento.

"Esta fase es un pseudo encuentro del tesoro perdido. Todo ser humano vive en la falta, algo no tiene y por ello es que sale en su búsqueda, por ejemplo, lo hace ser mejor persona, a su lado ve la vida de otro color, le da la paz que no tenía... Lo faltante puede ser la seguridad, el reconocimiento, la tranquilidad, etc. En otras palabras el complemento es buscar en el otro lo que nos hizo falta... pero no necesariamente se encuentra" apuntaba la experta.

En apariencia sus capacidades compensaban mis incapacidades. Mi esposo y yo en "total" unión creíamos que ya no éramos mitades sino una sola pieza.

Dependencia: Llega un punto en el que los enamorados piensan que no podrían subsistir sin el otro.

"Esto es natural si lo dijera un niño, ¿pero un adulto?" le pregunte a la terapeuta, que me respondió…

"Justamente es una necesidad transferida de los padres hacia la pareja, en donde los enamorados creen que si se separaran de su ser amado terminarían desgajados, tal como estaría el cachorro humano si no tuviera asistencia ajena. A los amantes les significa mucha angustia la separación, pues en el imaginario se cree que el otro les ha entregado lo que les faltaba. Es la falsa unión de la media naranja… y volver a ser una mitad no es admisible".

Ahí comprendí porque no podía separarme de él pese a sus equívocos, ya que cuando me sorprendía con palabras o detalles, las grietas en mi alma se regeneraban con la magia de su "amor", simulando que rellenaba mi falta.

"Enamorarse es un como un déjà vu, pareciera que en el encuentro de un amante se re-viviera y re-corriera un sendero ya conocido. ¿A quién no le gustaría vivir en un interminable arrullo, siendo pasivo sin tener que hacer nada para recibir?" me interrogaba mi psicóloga mientras yo hacía conjeturas.

Así me sentía yo entre sus brazos, balbuceante, dependiente, expectante, oral. Esperaba a que curara mis semillas… pagué mucho y me quedé en números rojos.

XII - El enamora-miento

Leyendo varios artículos científicos relacionados con este tema, llegue a varias conclusiones…

El enamoramiento en ocasiones es la antesala al amor y puede devenir en un camino equilibrado y de frutos cosechados. En otros momentos es una chispa de efusividad que por intensa que sea tiende a ser breve. Muchos enamorados creen que su pareja es perfecta y que la intensidad de su relación se mantendrá así siempre. Ahí radica su mentira. Como es producto de la pasión, el enamoramiento organiza la mente del enamorado para ver por los ojos de su amado exclusivamente. En esta etapa las personas carecen de sensatez y madurez, pues son arrastrados por el deseo de sólo estar al lado de su pareja. Todo es justificable y perdonable, el corazón reina sobre la razón, se piensa de forma errónea pero natural que no se puede vivir sin el otro. Es una dulce mentira, pero de la que hay que estar consciente cuando comienza a desvanecerse.

Cuando paulatinamente se sale de este estado parecido a la hipnosis y el relámpago del enamoramiento se disuelve para darle luz al amor, entonces puede haber éxito, de lo contrario el enamoramiento sin amor lleva al fracaso.

A este trance se le suma un mecanismo mental, la idealización, en la cual personas enamoradas otorgan a su amado atributos y características que no tiene, ya que los afectos transforman la realidad y se acomodan bajo los deseos del que idealiza (es guapo, inteligente, etc.) características que los demás no ven.

También se añade la subrogación de los propios deseos, pues no hay cosa más importante para el enamorado que complacer metas y objetivos de la pareja, es una separación breve de uno mismo pero que en el marco del dulzor no pesa, pues ceder los sueños personales para darle lugar a los del otro, es una renuncia común cuando se está enamorado, es una etapa en la que se disfruta más en el acto de dar, que en el del recibir.

Lo anterior es natural y esperable, lo peligroso es quedarse instalado en el idiotismo del enamoramiento sustentando que se ama…

Enamorada como yo lo estaba al inicio, idealicé cuando pensaba que las conductas torcidas de mi marido no eran tan torcidas, sino actos de amor.

Aprendí que se idealiza cuando se cree que sólo la pareja posee la pócima de la felicidad, también cuando se asume que el otro es nuestro héroe y que tiene la exclusividad de nuestro sentido de vida.

Creo que enamorarse es uno de los mejores recuerdos que cualquiera pueda preservar en su corazón, sin embargo cuando las bocanadas de la relación dejan estragos ácidos, como me sucedió con él, la pasión se desborda hasta incendiar lo que esté cerca.

Estar enamorado a la luz de la perversión obliga a cederlo todo y permitirle a la pareja cuanto capricho retorcido se le ocurra.

Otra condición defensiva del enamoramiento, así como de la violencia, es la negación.

Es un mecanismo prevalente en el circuito de la violencia en el cual se rechaza que algo exista o sea veraz, por ejemplo, yo pensaba que él no era malo, justificaba sus enojos, le creía cuando me prometía no volverme a hacer daño, pensé en algún momento que me celaba por amor y se preocupaba por mí.

Cuando los niños tienen miedo se esconden bajo las sábanas o cierran los ojos para no ver al monstruo que los visita en su habitación. El monstruo no desaparece pues los niños saben que al asomarse ahí estará, sin embargo, sienten protección y de forma mágica hacen que el monstruo pierda algo de fuerza mientras no lo vean. A quienes hemos vivido violencia nos sucede algo similar, pues yo me escondía tras el silencio y el miedo creyendo que así algo podría cambiar. Hice un monumento del que fue mi marido cuando aún no había mordido tanto y tan profundo, lo idealicé a tal grado que me era imposible abrir los ojos y concluir mi poesía escrita con bilis y aflicción, pues él siempre tenía la palabra exacta que endulzaba mis nervios y lograba convencerme. Ambos nos enceguecimos creyendo que nos unía el amor, sin embargo, ésta es una construcción que se erige con el buen uso del tiempo en el que se requiere de paciencia, admiración, condescendencia y sobre todo, deseos de que la pareja sea quien tiene que ser. Para ello es fundamental la libertad.

El amor nunca orilla ni empuja, el amor es bordeado por límites de respeto y dignidad, en el amor hay dos que vuelan hacia un mismo horizonte pero a su propio ritmo sin imponer competencias, ni intolerancia ni rencor.

No es un estado ideal, pues lo ideal está para no ser alcanzado, tampoco es perfección con ausencia de desencuentros. Los conflictos son naturales, pero el grado en el que surja el conflicto hace mucha diferencia.

Cuando el amor llama, el ser humano vibra en una frecuencia energética que no admite el miedo, en cambio avala y necesita de la cooperación, la generosidad, la plena confianza y el honesto perdón.

En mi búsqueda con especialistas, comprendí que el amor es el deseo de que el otro crezca mientras crezco yo, dando, compartiendo y dibujando un proyecto de vida a dos pinceles sobre un mismo lienzo.

Cuando alguno de los dos dice que ama pero no tolera la libertad en el otro, cuando ambos o alguno pierde su identidad para fundirse con el otro (o con-fundirse), cuando prevalece la tensión, cuando se pierden las fronteras o limites, cuando se piensa que la vida no tiene sentido sin el amante, cuando la vida se arroja a las manos del amado, no es amor es…

CODEPENDENCIA

El codependiente se concentra en el otro y se olvida de sí mismo, parcial o completamente. Tiene un apego enfermizo a su pareja dado que teme ser abandonado, castigado, humillado o traicionado.

El dependiente se relaciona con otros de forma tóxica, pues carece de cimientos afectivos para relaciones amorosas, sanas y estables, entonces le permite a su agresor conductas inapropiadas que a su vez le dan poder al creer que lo podrá cambiar por medio de comprensión y justificación (pobrecito, lo tengo que proteger, comprender, cuidar) para así asegurarse de no estar solo y ser amado. Alguno de los efectos secundarios de la codependencia son la depresión y la ansiedad, como resultado de la frustración al no poder cambiar a la pareja o no encontrar salida al dolor.

Yo comía compulsivamente, fumaba en exceso y no podía conciliar el sueño, para luego sumergirme en varios días nublados en los cuales mi tristeza profunda escarchaba las manecillas del reloj y sólo pensaba en morir, pero no tenía la fuerza ni para pensar en cómo hacerlo. En ese momento desconocía que padecía una profunda depresión, una especie de lacra pegada a mis huesos, acompañada por una incesante y puntiaguda angustia.

En la codependencia existen dos que dependen de algo o de alguien. El primero depende de tener el poder, o del alcohol, o de alguna droga o de mantener determinada posición psicológica sobre el otro. El segundo depende del primero en la búsqueda de la cura de ciertas heridas psíquicas. Por lo anterior, el codependiente facilita las acciones del agresor.

En mis conclusiones escribí una breve poesía, tan amarga y perturbada como mis sentimientos…

Adherirme tanto a tu piel hasta respirar sólo tu aire…

Nos amamos posesivos y llenos de temor.

Alienada a tus ojos aunque el camino sangre…

Necesitamos colgarnos del corazón.

Nos rompemos hasta el delirio,

Pero no importa, amor.

Elijo respirar en medio de nuestro martirio,

Porque sería la última de mis muertes partirnos en dos.

El enamoramiento miente en la medida que supone que el otro nos regalará la felicidad… es cierto que en ocasiones lleva al amor, pero la mayoría de las veces no se sostiene por mucho tiempo porque es frágil en sí mismo. Mientras el verdadero amor es una construcción sólida hecha de paciencia, libertad, respeto y deseos de que ambos emprendan el vuelo al mismo tiempo.

XIII - ¡Bingo!

Desperté y pude quitarme el yunque del engaño, mismo que cargué sobre la espalda por años. Al salir de casa me encontré con que mi alma arrojaba múltiples fracturas, mismas que se fueron haciendo con sigilo al paso del tiempo. Como él nunca me golpeó el cuerpo, pensaba que cualquier magulladura a mi autoestima era fácilmente curable.

Nuestra violencia de la vida cotidiana, como puede sucederle a muchos, radicaba en varias conductas, tales como…

Sobrenombres peyorativos, denigrantes o burlones: En ocasiones él hacía el ruido que emite un cerdo cuando yo consumía muchas calorías y me llamaba "puerquita preciosa" al compás de una caricia en mi cabello. Su voz se convirtió en mi voz interior, me autonombraba "cerda" y me golpeaba en el estómago como castigo por mis antojos.

"Eres una dramática, solamente te empujé, ¿crees que vas a brillar como pianista?, compréndelo nadie vive del arte, llorona… estoy a punto de mandarte a la mierda" decía él.

Manotazos, empujones o golpes "de juego": Recuerdo que durante una reunión con sus amigos bebí dos cervezas, cosa que no era costumbre, él simuló que me iba a dar una cachetada si me comportaba mal. En muchas ocasiones me empujaba o me daba nalgadas si algo no le gustaba, pero siempre tras el telón de una broma… yo tenía que sonreír y simular que compartía su sentido del humor, de lo contrario me llamaba "amargada"

Mentiras, engaños, chantajes: Me enteré que había sido infiel y al confrontarlo lo negó todo, con una actuación que lo llevó hasta las lágrimas me hizo sentir culpable por osar desconfiar de él. Años después me confesó, al ritmo de una sonrisilla traviesa, que sí me había engañado pero argumentó que era cosa del pasado y yo no tendría razones para enojarme... me molesté mucho pero mis reclamos me los enterró en la garganta con su lengua mientras me besaba con "amor".

Prohibiciones y persecución: Mi vida privada no existía, él debía conocer todas mis contraseñas, me obligaba a renunciar a mis gustos y me interrogaba constantemente acerca de las actividades, personas, cosas, etc. que frecuentaba. Me "aconsejaba" terminar algunas amistades, pues el "sabía" que podrían pervertirme... No me alejé de ellos a voluntad, sino para evitar que me quemara el fuego que ardía en sus ojos. Mi madre me buscaba pero yo le daba cualquier pretexto para no verla, pues no tenía el valor de confesar ni tampoco el cinismo de fingir. Quería los abrazos de mi madre pero también eran una amenaza para mi esposo. Me codeaba con la culpa, la ansiedad y mi evidente resistencia cruel a afrontar la realidad. Sólo esperaba un milagro para que todo terminara en paz.

También influía en mi arreglo personal, diciendo que una mujer decente no tiene necesidad de ser femenina o sexy, más que para complacer a su marido…

La ropa me avejentaba y eso lo hacía sentir tranquilo, sin embargo en otras ocasiones se burlaba de lo mal que me veía... "mugrosa" me decía.

Comparaciones: Un día me dijo "Si tuvieras el culo como ella...". Me contaba sus sueños húmedos, en los que yo no figuraba, justificando que eran sueños y que estaban fuera de su control. En ocasiones veía pornografía delante de mí, jugaba comparándome..."Si por lo menos fueras buena en esto". Me asfixiaban sus comparaciones vulgares y se lo hacía saber, a veces le gritaba y hasta lo golpeé, pero se carcajeaba diciéndome que para él mi enojo era un halago, pues era muestra de mi amor.

Celos enfermizos: Los pleitos eran detonados por la pauta mental de su paranoia, él pensaba que cualquier cosa provocaría mi infidelidad... hombres, mujeres y hasta del perro de mi vecina que jugueteaba mucho conmigo, arguyendo que había mujeres zoofílicas... eran sumamente ofensivas sus ideas, para mi él estaba loco, enfermo... pero no más que yo, pues mi locura se sostenía en la suya y viceversa.

Tocamientos incómodos y presión sexual: Viendo la televisión, en su coche, en cualquier lugar donde se despertara su libido, me manoseaba los senos o me abría las piernas para tocarme.

"Es tu obligación darme lo que me corresponde, eres mi mujer" decía "románticamente". Me sentía insultada y él refutaba que era algo natural entre las parejas. Me forzaba a tener relaciones sexuales para "contentarnos". Muchas veces me sentí un agujero nada más, mientras mi cama se convertía en un sepulcro.

Pleitos y discusiones: No aprobaba nada de lo que yo elegía, por lo tanto discutíamos en público como en privado y él aprovechaba para recordarme quien mandaba, como yo al principio no lo permitía, terminábamos gritándonos sin resanar ninguna de las grietas que se habían abierto. Azotaba puertas, aventaba objetos e incluso rompía cosas mías... aprendí a hacer lo mismo pero en una ocasión me echó agua helada en la cabeza para calmarme, pues decía que me estaba desquiciando... ¡solo hacía lo mismo que él!

Constantemente me culpaba de su rabia, me hacía creer que él era la victima de mi "locura"... después de un tiempo creí que tenía una cuota de razón... dejé de gritar pues su enojo me debilitaba, me bloqueaba, me volví una niña temerosa que quería huir pero sin saber a dónde...

La ley del hielo: La forma de demostrarme su molestia era desapareciéndose varios días o ignorándome por completo aun cuando estábamos juntos. Esto era una lápida sobre mí pues no sabía que haría después de elucubrar en silencio. Yo buscaba esclarecernos, reconciliarnos, perdonarnos... Su indiferencia me angustiaba e incrementaba mi ira. A veces decidí pagarle con la misma moneda, la indiferencia y la burla, entonces él me perseguía e incluso me amenazaba con irse con otras si no le hacía caso.

Negación e invalidación de emociones: Me llamaba exagerada o víctima cuando le exponía mis sentimientos... nunca los consideraba importantes, me imitaba cuando lloraba y se burlaba de lo que yo sentía.

Incluso le decía cuanto extrañaba a mi familia, él se dedicaba a menospreciarlos y convencerme de que ellos eran los fabricantes de mi depresión, por lo tanto era mejor mantenerlos a distancia… "por salud mental mi amor" me decía con una sonrisa mientras me sentaba en sus piernas acariciándome la cara. Me adapté a su estructura y comencé a rechazar a los demás, ya fuera alguna amiga que esporádicamente me buscaba, mi madre o cualquier persona que me hiciera reflexionar, esto implicaba suplicarle que me acompañara o dejara ir, de cualquier forma yo saldría perdiendo.

El que fue mi marido ignoraba mis temas de interés para sustituirlos por los suyos… "tú solo hablas de jitomates, cebollas y antidepresivos, yo soy un hombre de ciencia… calla y aprende"

Por supuesto tenía frecuentes olvidos de eventos importantes para mí, como el cumpleaños de algún familiar. Me compensaba con alguna joyita o llevándome a cenar a un lugar lujoso que elegía, esto sucedía cuando ya no tenía nada más importante que hacer.

*****

Cuando le puse de nuevo pupilas a mis ojos, reconocí que nada de esto era normal y mucho menos sano, al estudiar las señales del malentendido amor, era como jugar al bingo y tener el cartón lleno.

No necesariamente se tiene que vivir esto para declarar la relación en quiebra. Con algunos de los indicios que acabo de señalar basta y sobra para abrir los ojos y redefinir el rumbo…

¡El violento nunca va a cambiar! Y si cambiara tendría que suceder a la luz de una intervención ajena, como es la psicoterapia y un arduo trabajo emocional.

El verdadero Bingo consiste en rearmarse, encontrarle sentido a la vida, dejar de supeditarse o esclavizarse al otro, soltar el miedo a estar solo y amarse a sí mismo.

XIV - Déficit vital

Algunos meses después de salir de casa comprendí que no podía superar ni resanar mis grietas yo sola. Sin duda alguna la psicoterapia era el andén en el que me encontraba. Desde esta nueva plataforma elegí varios vagones que me llevaron a mi pasado y a mi quebrado presente.

En una de mis sesiones conocí este esclarecedor cuento de Jorge Bucay…

Cuando yo era chico me encantaban los circos y lo que más me gustaba de los circos eran los animales. También a mí como a otros, después me enteré, me llamaba la atención el elefante. Durante la función, la enorme bestia hacía despliegue de su peso, tamaño y fuerza descomunal... pero después de su actuación y hasta un rato antes de volver al escenario, el elefante quedaba sujeto solamente por una cadena que aprisionaba una de sus patas a una pequeña estaca clavada en el suelo. Sin embargo, la estaca era sólo un minúsculo pedazo de madera apenas enterrado unos centímetros en la tierra. Y aunque la cadena era gruesa y poderosa me parecía obvio que ese animal capaz de arrancar un árbol de cuajo con su propia fuerza, podría, con facilidad, arrancar la estaca y huir.

El misterio es evidente: ¿Qué lo mantiene entonces? ¿Por qué no huye?

Cuando tenía cinco o seis años, yo todavía confiaba en la sabiduría de los grandes. Pregunté entonces a algún maestro, a algún padre, o a algún tío por el misterio del elefante. Alguno de ellos me explicó que el elefante no se escapa porque estaba amaestrado.

Hice entonces la pregunta obvia: –Si está amaestrado ¿por qué lo encadenan?

No recuerdo haber recibido ninguna respuesta coherente.

Con el tiempo me olvidé del misterio del elefante y la estaca... y sólo lo recordaba cuando me encontraba con otros que también se habían hecho la misma pregunta.

Hace algunos años descubrí que por suerte para mí alguien había sido lo bastante sabio como para encontrar la respuesta.

El elefante del circo no escapa porque ha estado atado a una estaca parecida desde que era muy, muy pequeño.

Cerré los ojos y me imaginé al pequeño recién nacido sujeto a la estaca.

Estoy seguro de que en aquel momento el elefantito empujó, tiró y sudó tratando de soltarse. Y a pesar de todo su esfuerzo no pudo.

La estaca era ciertamente muy fuerte para él.

Juraría que se durmió agotado y que al día siguiente volvió a probar, y también al otro y al que le seguía...

Hasta que un día, un terrible día para su historia, el animal aceptó su impotencia y se resignó a su destino.

Este elefante enorme y poderoso, que vemos en el circo, no escapa porque cree, pobre, que NO PUEDE.

Él tiene registro y recuerdo de su impotencia, de aquella impotencia que sintió poco después de nacer.

Y lo peor es que jamás se ha vuelto a cuestionar seriamente ese registro.

Jamás... jamás... intentó poner a prueba su fuerza otra vez.

Al escuchar este cuento me pregunté: ¿Cuántas elefantas deambulamos por la vida con estacas que creemos irrompibles?

Mis defensas estaban en cuarentena, mi autoestima distraída y mi corazón creía que lo amaba tanto como el primer día... por ceder a este "amor" es que aguanté, ahora sé que mi imposibilidad para renunciar nada tiene que ver con el amor, me quedé porque estaba instalada, como el elefante, en la...

INDEFENSIÓN APRENDIDA

Era tanto mi hartazgo y cansancio después de algunos años, que dejé de luchar para que él fuera justo, respetuoso y dignificara nuestro matrimonio. Cada día parecía haber corrido un maratón, lo más triste es que no me había movido ni un centímetro de mi casa. Por creer que la estaca era tan dura y difícil de arrancar es que llegué a un paraje en el que pensaba que era imposible escapar.

Luché, muchas veces me defendí tanto con argumentos inteligentes como con gritos y algunos insultos. Fui una elefanta que al comienzo tiré hasta el cansancio para que mis patas no enmohecieran al estar encadenada, mi naturaleza me decía que no era sano permanecer ahí e intenté quitarme la estaca, sin embargo cada intento abría más fisuras las cuales se rellenaron de él hasta el punto de no retorno, en el que aprendí a no defenderme pues cualquier estrategia era en vano. Al comienzo yo lo amaba profundamente, después creí que todavía lo amaba... cuanta equivocación, yo ya era dependiente.

Quería que alguien me ayudara pero mi entramado social estaba cuarteado, no tenía ni siquiera mi propia compañía. Buscaba una nueva orientación pero me aterraba tener ayuda porque aprendí que para vivir tenía que quedarme a su lado.

Él me moldeó a sus creencias, tenía que decirle que estaba de acuerdo con su modelo mental y al paso del tiempo tras repetir tantas veces esa mentira terminé creyéndomela. Comprendo que era una defensa para no darme cuenta de lo aberrante de mi situación y poder sobrevivir a su lado. Aunque en el fondo quería salir corriendo hacia ningún lugar específico, hacia la muerte, hacia un pozo, hacia incluso la cárcel... no tenía claro que era lo mejor para mí, lo único "seguro" era él.

Él pensaba que mis neuronas estaban vacías y las rellenó a su conveniencia. Insistía que el mundo era hostil con tentaciones que podría transformarme. Su paranoia me confundía ya que sentía que la vida iba al norte mientras él sostenía que al sur. Llegó un momento en que creí enloquecer porque no distinguía las diferencias.

Si alguien se atrevía a echar juicio sobre mi matrimonio yo cerraba la puerta de tajo, no podía permitir más confusión. Así me convertí en una extensión de él, anulando mis propias percepciones, emociones, creencias e incluso mi constante necesidad de ayuda.

En mi terapia, después del destierro, la psicóloga me decía que estas conductas pertenecen a un mecanismo de defensa, su nombre es disociación, mecanismo que está al servicio de alejar mental y emocionalmente lo insoportable de una situación traumática, así como también para adaptarse a un entorno hostil.

Cada vez fingía temblar menos para reducir su poder sobre mí, entre menos problemas yo le ocasionara mayor "tranquilidad" ganaba. Me sentía como dos personas a la vez, la que quería escupirle mi rabia y la que puso una lápida sobre mi propia lengua para evitar su fastidio. Disociarme también me servía para hacer a un lado mis emociones y no enloquecer, hoy sé que lo mejor era salirme de ahí sin muertes ni venganzas, pero no supe abrir la puerta de mi libertad a tiempo.

Me convertí en pasiva, la vida la comencé a ver con apatía y llegó un momento en el que ya no tuve estrategias exitosas para evitar sus enojos. Cada vez me sentía más frustrada, incompetente e incapaz para ser amada. Sé que esto me arrojó a la depresión de forma estrepitosa, la cual guardaba silenciosamente el coraje que le tenía, me dañé deprimiéndome, reprimiendo los golpes que no le pude dar. Quería arremeter contra él con toda una estampida pero también aprendí a desdibujarme porque ni siquiera confiaba en la fuerza de mi ira. Así es como se traza en este síndrome... con la aniquilación de todo rastro de vida emocional. Perdí la capacidad para reaccionar, me queda claro que no hui por falta de ganas... igual que el elefante, la cadena apretaba fuertemente no sólo mis piernas, sino todo mi ser.

En terapia comprendí que un recurso para sobrevivir a la violencia se llama adaptación psicológica, la cual amortigua la existencia pero no la cura, pues tiene la finalidad de sobrellevar el dolor sin suturar ninguna herida. Muchas veces me sentí en un laberinto sin salida y entre más intentaba escapar más profundo cavaba mi tumba. Me fui varias veces de la casa, pero sólo por unas horas… regresaba porque afuera no quedaba nada ni nadie de donde asirme, regresé muchas veces porque él se sentía con el derecho de decidir hasta cuando poner el punto final… punto se le había extraviado a mi ortografía…

Hay algunos prisioneros a los que les aterra la libertad y prefieren ver pasar la existencia detrás de los barrotes porque tienen un lugar al cual pertenecer…

Algunos enfermos no quieren curarse porque su enfermedad les da definición, les sirve de ancla a la vida o quizás encuentran una forma de manipular o existir para otros.

Algunos adictos renuncian a despedirse de la droga, pues creen que sin ésta no podrán sobrevivir y que es justo la adicción lo que los libera del sufrimiento.

Algunos amantes nos enredamos tanto con nuestros amados que aunque haya sangre y desgarraduras, pensamos que sin éste a la vida se le opacarían sus colores. ¿Cuáles colores? Mi vida no pasaba de la escala de grises.

Entonces así nos adaptamos al dolor, nos acostumbramos al malestar mientras el corazón se arruga.

Cuando logré desterrarme de mi desértico matrimonio y pude hablar, la gente me cuestionaba por qué no me salí antes. También me quisieron apoyar recomendándome que "le echara ganas" y otros me dejaron ver entre líneas que yo me merecía ese maltrato, pues sólo un masoquista se auto condenaría como lo hice.

Lo que hoy respondo a todos ellos, es que quien vive algo así no permanece al lado del devorador porque le guste sufrir, sino porque cualquier estrategia le lleva hasta el fondo, lugar en donde el que maltrata se empodera. No alcanza con sólo desear el fin de la violencia, no es cuestión de ganas. No se puede opinar acerca de la violencia desde una cómoda butaca, no es lo mismo ser espectador que protagonizar una novela de terror.

Hay innumerables posibilidades de escape, pero dentro del circuito de la violencia en donde la fuerza interior está a punto de perecer, los intentos parecieran fallidos, la autoestima se quiebra en mil pedazos y la seguridad se evapora a gran velocidad hasta convertirse en una pesada nube gris que revienta como lluvia ácida, cuando comprendes que has dejado de ser persona para convertirte en una marioneta sin habilidades para amar, decidir, pensar o escapar.

En la incapacidad para controlar tanto mi angustia como su agresión, con una pausa forzada en el corazón, es natural que uno deje de confiar en sí mismo.

Se instaló en mí un déficit vital, no sabía vivir pero tampoco me atrevía a morir, incluso me hizo creer que si permanecía viva era "porqué él así lo quería".

… Hasta el impulso para morir me arrancó de cuajo.

Toda indefensión aprendida tiene un proceso en ascenso, se comienza de a poco hasta perderlo todo… que ironía subir para bajar.

Es como una especie de duelo crónico que no resana con nada, sentía continuamente como si fuera una enferma terminal, porque creí que lo nuestro no tenía fin, ni cura, ni muerte.

XV - Des-nudándome

El ambiente era cálido y acogedor, había una vela encendida y el olor del incienso me relajaba mientras ella, mi terapeuta, me escuchaba con atención en su consultorio pintado de colores pastel…

- Era muy jovencita, creí que a pesar de no tener fuertes cimientos en casa, me merecía ser amada… Jamás imaginé que me enamoraría tanto y con tantas secuelas. Después de lo que he aprendido aquí me siento avergonzada por saber que fui una presa que pudo haber salido de su jaula… pero ¿Por qué sentía que el camino se cortaba cada vez que intentaba salir?

Mi psicóloga hacia caricias a la libreta donde yacía mi narración, jugaba con la pluma discretamente mientras me acompañaba en silencio y respondió…

- Su matrimonio estaba circunscrito a un ciclo de violencia que generalmente se desconoce, es un circuito de patrones repetitivos que consta de varias fases… La primera es la fase de elaboración o acumulación de tensión… La pareja se incomoda continuamente… la eficacia de la violencia sutil radica en la subordinación del otro mediante medidas poco visibles para el violentado, por ejemplo, no se reconoce que los celos enfermizos, el control, las bromas pesadas, las humillaciones, etc. son alertas…

- Muchas veces pensé que solamente era intolerante e irascible, después comencé a darme cuenta de que algo estaba muy mal en su cabeza.

- Exacto, quienes viven esto en un principio asumen que es parte del carácter complicado de la pareja... hasta que creen que merecen la ira del otro, mientras tanto el agresor no tiene empatía por lo que sienta su pareja.

- Me miraba como si me atravesara... me ponía muy nerviosa, el cerraba la puerta de golpe y yo me quedaba temblando pues no sabía que sucedería cuando regresara.

- ¿Calmabas la tensión?

- No, pero me imaginaba que podríamos platicar, llegar a acuerdos, quería que valorara mi cariño... le decía... "recuerda que me amas".

- Cuando hay amor no se requieren recordatorios, no se pide ni se exige respeto, porque es parte del acuerdo amoroso...no hay chantajes ni tampoco siempre sirven las treguas.

- Lo hacía para que no siguiéramos peleando, pero como me has explicado, nada funcionaba...

- Exactamente, la tensión tiende a minimizarse y los confiticos se dejan pasar como si se resolvieran solos... pero nada se soluciona pues por cada desencuentro se agregan enemigos a la relación.

- ¿Enemigos?

- ...coraje, resentimiento, venganza, duda, etc.- puntualizó mi terapeuta mientras me daba un pañuelo desechable con el que yo pretendía secar mis odiosos recuerdos.

- Es cierto, tenía una mezcla de emociones encontradas… nuestros conflictos al comienzo eran más llevaderos, pero fueron incrementando de magnitud y frecuencia… pasamos de una discusión cada quince días a un pleito casi a diario… me acostumbré… aunque no me dejaba de doler.

- Justamente por eso la violencia invisible o sutil es altamente peligrosa… las personas se acostumbran. Entre más ligera sea este tipo de violencia, cobra más fuerza y pasa mucho tiempo hasta que se decide salir… esto evidentemente complica su detección.

- Es decir… ¿si lo hubiera sabido me habría evitado tanto dolor?

- Hubiera dependido de tu toma de decisiones, pero estoy segura que el conocer todo esto da mayor libertad, el conocimiento empodera…

- Pero de alguna forma yo sabía que él no estaba bien.

- ¿Sabes? Este tipo de violencia es poco codificable pues no se sabe distinguir entre una conducta de enojo natural a un montaje violento mezclado con justificaciones o caricias. Es muy confuso… la víctima se siente atrapada entre el amor y la violencia…

- Atrapada…esa era mi condición.

- Como si amar, pensar, existir… trajera consigo un castigo.

- Justo así me sentía, como si fuera mala, tonta y su desprecio me lo mereciera, pero también estaba enamorada… o quizás cada vez más necesitada.

Mi terapeuta asintió ligeramente mientras yo me inclinaba hacia ella.

- ¿Este sería el momento adecuado de dejar la relación?

- ¿Para ti cual sería el momento adecuado?

- … él me robó seguridad, confianza, autoestima… creo que el momento adecuado sería mucho antes de que alguien intente volver a ultrajar mi interior.

- Si una relación tensa y angustia, no es amor… no hay motivos sanos para quedarse.

- En ese entonces yo pensaba que por haber sido mi primer hombre en lo sexual y afectivo, así como los detalles y cosas buenas que tenía, valía le pena seguir…

- ¿Te daba algo que ningún otro hombre te podía dar?

Me dejó pensando largos segundos… simplemente negué con la cabeza, pero ella permaneció esperando mi respuesta.

- … quería que reconociera mi amor como bueno… también me era necesario que admitiera que no estaba loca… necesitaba saber que mi esfuerzo valía la pena… ¿si no era él entonces quién?…

- ¿Quién entonces si no él…?

Estaba absorta en mi dialogo interior, pareciera que me llegaban ideas sobre una avalancha…

- A pesar de ser tan cruel también fue dulce…

Tome una respiración profunda pues mi mente estaba a punto de revelarme algo importante.

- ¡Eso es! Me daba dulces al alma cuando me decía que jamás estaría sola, me daba lo que creí que me faltaba… él tenía la pieza que creí que necesitaba para ser feliz…

- ¿Cual?

- Ser mirada, amada, tomada en cuenta, escuchada…

- ¿Y así fue?

- Pocas veces, por eso me enamoré… pero generalmente me cobraba caro lo que me daba…La niña que fui siempre quiso ese tipo de "dulces" y cuando me los dejaba saborear yo pensaba que ahí estaba mi curación.

- ¿Y te curó?

- No… pensaba que debíamos luchar para tener ese dulzor, que por cierto cada vez era menos y más lejano.

- Sí lucharon… uno frente al otro como en un ring… La batalla no es contra el otro, la conquista es con uno mismo… dignificarse es más nutritivo que el antojo de un caramelo.

- El amor lastima…

- …el amor siempre es bueno, si no, no es amor… nunca hiere.

- ¿Cuantas personas pensamos que todo se vale con tal de preservar un "buen amor"?

- Muchas, pero hay que saber por qué se lucha, no es lo mismo amar que apegarse…

- ¿Qué razones nos apegan a otra persona?

- Como decías… las promesas y los proyectos pactados, por miedo al fracaso y al juicio, por temor a no conseguir otra pareja, por los hijos, por cuestión económica, por confort, por razones religiosas, etc.

Reflexioné lo que ella decía y le pregunte…

- Se piensa que el que ama sufre, ¿porque?

- No todos piensan así, son creencias limitantes, equivocadas… al perder a alguien o algo que amas, evidentemente el dolor cobra lugar, pero mientras se entreteje el amor, pueden haber discrepancias, ajustes, enojos, diferencias, pero no sufrimiento.

- Se nos ha educado a amar en sacrificio… mi mamá me repitió muchas veces que tenía que ser buena siempre…

- ¿Con quién?... ¿Te has dado cuenta de que no lo eras?

- ¿Por amarlo tanto? - ella se mantuvo en silencio mientras me miraba fijamente.

- Por amarlo más que a ti… El amor suma y multiplica, no resta ni divide… contribuye a que uno sea mejor persona, promueve la paz, agrega solidez a la vida, te hace más fuerte, te hace crecer…

- Restó más que sumar…

- Si la pareja no contribuye para crecer entonces se acaba el sentido del vínculo…

- Es que me confundía mucho, un día me odiaba y otro me amaba.

- La violencia sutil se recibe en dosis… humillación y mimos, traición y perdón, insultos y flores… dosis de arsénico aparentemente no letales, pero son veneno, matan… se aniquila el amor propio y la seguridad, se extermina con la confianza y las ganas de vivir… un "amor" que vive en tensión es un malentendido.

- Entiendo… estaba agitado constantemente y yo también… me decía con dureza "piensa que has hecho o dicho para provocar mi enojo". No encontraba respuesta, pues desconocía qué tanto le molestaba de mí… Esto me enloquecía, me frustraba.

- Después de tanta tensión el agresor estalla en la fase de explosión… aquí vienen los insultos, el rompimiento de objetos, el azotón de puertas, los golpes hacia las cosas o las personas, e incluso el consumo de drogas o alcohol.

- Esos momentos me aterraban, porque parecía que había pasado un tsunami por mi casa…

- Si, devasta… el agresor pareciera que no puede detenerse, pues es tanto su coraje que pierde el principio de realidad, llegando así a situaciones mortales o judiciales.

- Recuerdo que me decía…"¿Por qué lloras vida mía? aún no te he golpeado… deberías agradecerme que jamás me he pasado de un jaloneo o un aventón, aunque te mereces más… ya no me provoques".

- Así siempre pasa en la violencia, se justifica la agresión con "el mal comportamiento del otro".

- Me daba pavor ver el demonio en sus ojos, por ello es que muchas veces evite hacerlo enojar, aunque fuera a costa de mis decisiones y deseos. Posteriormente me decía que estaba arrepentido y yo le creía… ¿por qué… si después volvería a hacerme daño? - le pregunté casi desesperada.

-    Encontró la fórmula exacta para adiestrarte, si... como a una mascota... él quería controlarte, enfermarte, confundirte. No te golpeó pero te aniquiló psicológicamente muchas veces. Esto es lo que busca el agresor... arrasar, reducir o pulverizar al otro. Justo en este estadio las victimas pueden ser hospitalizados o enterradas... según el grado de agresión física.

-    En mi caso no había golpes físicos pero pareciera que me había pegado en la cabeza o en el estómago, continuamente me dolían... me diagnosticaron gastritis.

-    ...provocada por tanto enojo acumulado... estabas somatizando, es decir, pasando el enojo a tu cuerpo. Los síntomas físicos se disocian del mundo emocional... la gente no relaciona una enfermedad con su malestar psicológico, pero en tu situación es común enfermar, pues cuando la boca calla, el cuerpo grita...

Me era frecuente tener ganas de vomitar durante mis sesiones y se lo confesé, ella lo interpretó como la rabia que aún vivía dentro de mí y que quería salir de forma estrepitosa...

-    Quieres sacar todo lo que te causó mal en una sola exhibición, ten paciencia que lo que hablas y escuchas en terapia, te está sanando, incluso el coraje que aun sientes es sanador porque te empuja a seguir luchando por ti, no contra él, ¿me explico?"

¡Claro! vomitar implicaba para mi inconsciente sacar lo que ya no me servía... pero aún tenía mucho que trabajar... es cierto que aun luchaba imaginariamente con el pasado y debía curar el rencor hacia él y el coraje hacia mí...basura que apestaba dentro de mis recuerdos y todavía me hacía infeliz.

Ajustándose el saco, la terapeuta continuó…

- Lo terrible de la violencia sutil es que no es obvia para la víctima… cuando no hay agresión física es difícil nombrarla como violencia. Se cree que los problemas, incluso los golpes, pueden resanarse con el perdón…"

La interrumpí abruptamente…

- ¿Hasta dónde es bueno perdonar entonces?

- Si el perdón es solamente el comodín para que el otro gane la partida, no sirve.

- Aun no lo perdono, siento que no puedo…

- Es un proceso que comienza con el entendimiento de lo sucedido…

- ¿De qué me servirá perdonarlo? ¿Acaso se va arrepentir?

- ¿Necesitas que se arrepienta?

- Creo que lo merezco.

- ¿Para qué? ¿Regresarías con él?

- Jamás.

- Es tu ego, su arrepentimiento no te sirve para sanar, solo para sentir que le ganas.

- ¿Tengo que eximirlo de sus responsabilidades? Perdonarlo sería justificar su actuar.

- No tienes que hacer nada que no quieras… ahora no es tu momento… pero perdonarlo y perdonarte será parte de la conquista de tu libertad, será un acto de amor hacia a ti. El resentimiento enferma y tú lo que quieres es sanar... cuando perdones romperás el último eslabón que te une a él.

Hice una pausa para respirar, acomodé mis ideas y proseguí...

- Él era el fuerte de la relación, me decía que jamás lo vería llorar o rogándome ni pidiendo perdón.

- Es más fuerte el que perdona al que nunca se arrepiente... serás más grande cuando le otorgues el perdón que nunca te ofrecerá.

En ese instante me sentí extrañamente contenta... mientras ella continuaba...

- Te hizo creer que eres débil... quien está despertando eres tu... estás aquí retomando la piezas de tu rompecabezas, intentando rearmar el sentido de tu vida. Al violento le aterra verse minusvalorado, engañado, débil, reducido o burlado. Pareciera que para tu ex marido cualquier cosa era suficientemente grave para encolerizarse y retomar su aparente fuerza, en realidad tenía miedo... por ello te insultaba o te hacía sentir menos.

- Si... Creo que temía ser abandonado, le atemorizaba dejar de tener el poder, hasta ahora comprendo esto. Por ello me llevaba de viaje o me hacía regalos después de un fuerte pleito.

- Esto forma parte de la tercera fase, la de conciliación, remisión o luna de miel... muchos violentos buscan la reconciliación porque temen ser denunciados por su pareja, por tanto su comportamiento es dócil y cariñoso e incluso pueden degradase para ser perdonados.

También necesitan de la conciliación porque están inmersos en este ciclo del cual han hecho un hábito tóxico, creen que es normal vivir de esta forma.

- Era contradictorio en sus reacciones, me confundía... algunas veces cuando nos reconciliábamos, sostenía que era la responsable de su conducta pero que estaba dispuesto a perdonarme, en otras ocasiones aparentaba sentirse responsable y era capaz de hacer cualquier cosa para que lo perdonara... incluso se humilló varias veces, me rogaba.

- En esta etapa la súplica es cuestión medular, pero no es producto de un arrepentimiento sincero pues no hay conciencia de daño... ni mucho menos está relacionada con el amor - señaló ella negando con la cabeza.

- Yo albergaba la esperanza del cambio, pues parecía ser sincero e incluso cumplía sus promesas, no volver a insultar o romper algún mueble, dejaba de beber por un periodo, controlaba sus celos, etc.

Era como si me cediera la estafeta del poder, pues varios días se mantenía dócil y sumiso. En el corto tiempo que cumplió sus promesas yo creía que "ahora sí" tendría una relación saludable y armoniosa. En el correr los años me cansé de mantener una esperanza hueca... fui una tonta.

- Tenías una meta y un deseo... ser amada. Esto no es tontería... solo hay que saber dosificar el deseo.

- ¿Cómo?

\-   Cuando el corazón tiene hambre hay que abrir bien los ojos para que no se atragante con lo que sea…

\-   Pretender crear una buena vida con un buitre fue una necedad…

\-   Alguna vez creíste que el buitre era águila y querías emprender un vuelo por años a su lado.

\-   ¡Exactamente! mi motivo era envejecer a su lado, por ello lo perdonaba. Nos jurábamos cambiar y pretendíamos que el amor que nos habitaba era suficiente para combatir al mundo. Fui muchas veces la parte conciliadora en nuestro matrimonio, pero cada vez que se me ocurría algo para mejorar, como tomar terapia juntos, terapia individual que siempre me prohibió, rezar, leer libros de autoayuda, incluso hasta comportarme como él… mis defensas eran devoradas por mi ex esposo. Por cada intento mío se abrían nuevas grietas que nos separaban cada vez más… todo por querer defender el amor que le tenía. Ahora no sé si en realidad lo amé.

\-   El mal no está en amar, sino en amar por sobre uno mismo… el error no es tener esperanza…

\-   … sino quedarse en medio del fuego creyendo que se saldrá ileso.

\-   Así es…

\-   Después de sus promesas y la reconciliación, creía que ya nos habíamos amarrado las agujetas del corazón y no volveríamos a tropezar pues traíamos los zapatos puestos. Pero en realidad nada cambiaba, resurgían las grietas que traía mi alma… Miedo, ira, angustia, hartazgo, tristeza, impotencia, sensación de vacío, depresión, culpa e incluso me recuerdo justificándolo… "No saben lo lindo que es", "ustedes no conocen nuestra relación", "está muy estresado", etc. Por esperar su cambio, me ahogué.

- No, estás viva, eres una sobreviviente – me dijo la psicóloga regalándome una caricia con su mirada.

- Me sentí muerta muchas veces y cuando nos reconciliábamos, creía que el oxígeno me había sido devuelto.

- Pero después te lo arrancaba… o se lo cedías. Nadie puede arrancarte lo que te pertenece a menos que se lo permitas. Dime, ¿qué tal se respira ahora?

- Bien, mucho mejor…

- ¿Ves? él nunca fue tu aire, nunca nadie lo es, el oxígeno no se lo llevó, ni tampoco el amor, ni la esperanza de volver a amar.

- Estoy aprendiendo a volver a vivir… pero es duro. La vida me ha sabido amarga muchos años… con frecuencia imaginaba que se moría o que yo me suicidaba…

Hice una pausa para que mi vergüenza se pasara con un trago de saliva…

- …intenté quítame la vida entre navajas y pastillas… odiaba mi vida pero también quería llamar su atención y lograr que recapacitara. Si fallé fue porque en realidad no quería morir, sólo deseaba dejar de vivir así…

- La muerte no es la salida… pero dentro de la violencia son frecuentes estos pensamientos - sorbió un poco de agua mientras estructuraba sus palabras, supongo.

- ¿La esperanza entonces no sirve?- le pregunté con mucha curiosidad.

- En el inicio de un nuevo ciclo la esperanza se reactiva pero las defensas están debilitadas. Ya no se tiene la fuerza para seguir luchando por los proyectos propios, a la vez hay deseos de seguir en la relación con la finalidad de ganar el amor anhelado, entre varios motivos más... este tipo de esperanza no sirve pues no está circunscrita al verdadero amor, sino al apego.

- Vivía en medio de un huracán sin límite de tiempo, agotada, debilitada, mareada, confundida... es desgastante...

- Las personas se preguntan con frecuencia... ¿puedo confiar? ¡Debo hacerlo! se responden, ¿será mejor terminar? y con otra pregunta se dan respuesta ¿Y si esta era la oportunidad para vivir felices?, ¿puedo vivir sin esto? Pero amo a mi pareja, ¿puedo vivir con esto? ¡Ya no aguanto más!, dicen los que se arrojan ciegos a esta pendiente de violencia. La peligrosidad y la confusión van en aumento... en este punto el amor ya desapareció.

- Entonces, ¿qué sentía por él?

- Dime tú...

- Necesidad de... no sé... era como un vacío que creía me absorbería si nos separábamos, me sentía enloquecer de no tenerlo a mi lado, yo creo que si lo amaba... Tenía que sacarlo del fango en el que estaba, ¿eso no es amor?

- Quizás si lo amaste... solo por algún tiempo, luego creías amarlo, es válido... en realidad eran codependientes. El apego a una persona puede ser tan dañino como una droga...

- Su aguijón se enterraba tan profundo en mi piel cada vez que me atacaba… pero no podía quitarme de ahí, él era todo lo que tenía.

- Así piensan los adictos, creen que con la droga la pasan mejor o por lo menos la existencia se dulcifica… Sufren por ser adictos, sufren cuando están en abstinencia, sufren cuando se pasa el efecto, sufren porqué creen que no pueden liberarse e incluso le dan el poder de la felicidad a una sustancia… El drogadicto ama a su droga, la defiende, no la quiere soltar, la esconde, la roba, la consume, se "libera" por un momento pero el ciclo continúa… se siente culpable, teme vivir y por ello busca nuevamente drogarse, en algún punto se da cuenta del dolor que le causa, pero prefiere este dolor, al sufrimiento de no tenerla. El adicto teme ser libre, le atemoriza ser responsable…

- Fui adicta a él y viceversa…

- En esta relación ninguno de los dos terminaban satisfechos o dignificados, ni libres ni felices… ¿Se amaban?...

La terapeuta se puso de pie y me dijo…

- Nos vemos la próxima sesión – apretó mi mano para despedirse y me sonrió.

Supe que iba en buen camino después de desnudar otro trozo de historia… se había abierto un horizonte de respuestas y muchas preguntas que ansiaba responderme en las próximas sesiones.

XVI - Hércules apócrifo

"El comportamiento violento es una respuesta a alguna amenaza imaginaria o real en el ambiente del agresivo, el cual permanece a la defensiva si percibe menosprecio o alguna posibilidad de traición"

De esta manera comenzaba una conferencia acerca de la violencia y recordé que para quien fue mi esposo, mi libertad significaba su quebranto y por tanto el autoritarismo era su modo de operar en la vida, incluso en su trabajo y núcleo social buscaba siempre tener razón. Manipulaba personas y métodos, la gente que estábamos a su alrededor conocíamos el peligro si contradecíamos sus órdenes, por tanto la sumisión era la respuesta que él tanto esperaba.

Durante la plática los conferencistas expusieron y debatieron la estructura psicológica de algunos violentos, denominándola...

PERVERSO NARCISISTA

He aquí todo lo que aprendí...

La personalidad perversa es aquella que satisface sus deseos a costa y a pesar de lo que sea.

Mi esposo no admitía ser segundo lugar en nada, cosa que en un principio me atrajo mucho, pero en el día a día se convirtió en un lastre. Llegó a cometer fraudes para ser el más adinerado entre sus amigos, vendía medicamentos caducos, compró la decisión de los sinodales en su doctorado para que le dieran magna cum laude y sexualmente me hacía creer que con nadie podría gozar como con él... yo no tenía punto de referencia pero su arrogancia me provocaba risa... y duda. Robaba en su trabajo no por necesidad económica sino por fastidiar a los demás, era un prominente mentiroso pero esto lo alcancé a ver al paso de los años, pues sabía cómo enmascarar sus falsedades. Enredaba a sus empleados y los ponía uno en contra del otro para que no hubiera solidaridad y evitar que lo traicionaran, envilecía a cualquiera tras el velo de ser un líder, denostaba incluso a sus familiares diciéndoles que eran mediocres y que siguieran su ejemplo, según él para ayudarlos a crecer.

Por otro lado la personalidad narcisista tiene la fuerte necesidad de ser ovacionado, comprendido, seguido, reconocido y admirado.

Mi ex se vestía siempre a la moda y su aliño era impecable, estaba siempre al pendiente del "qué dirán". Llamaba la atención por medio de una verborrea atiborrada de palabras "cultas" como él decía, se engrandecía haciendo sentir ignorantes a los demás. Le gustaba hablar de sus logros y alcances, mostraba su soberbia al presumir de los lugares extravagantes que había conocido e incluso se atascaba de ego con las tres palabras que sabía en francés.

En la articulación de estos dos trastornos surge la patología que enmarcaba a mi ex esposo, decían los panelistas.

Un perverso narcisista no tiene empatía por el otro, pero sí la disimula. En apariencia busca el bien ajeno pero en el fondo su único bien es sentirse superior.

Este tipo de personalidad es un abusador y un asesino... no siempre llega a matar pero psicológicamente aniquila por completo.

Estas personas buscan vencer, abollar o hundir al otro por medio de estrategias seductoras y convincentes, así se debilita la estructura mental de su víctima la cual queda vulnerable para que penetren las ideas del abusador. Por ejemplo, cuando le insinuaba que me regresaría a casa con mis padres, él criticaba sin reparo a mi familia y jugueteaba, entre burlas, con secretos familiares que le había confiado. Así, ponía en tela de juicio mi cordura y me advertía que lejos de él mi vida sería aún más mezquina. El aparente remedio era quedarme a su lado.

La demolición de la víctima es un proceso lento y sutil que el perverso narcisista va disfrutando, un juego torcido en donde el dominante busca resistencia por parte de su pareja, así entre más le dé pelea mayor placer experimenta cuando gana la batalla.

Lo excitante es vencer al otro y promulgarse como invencible. Recuerdo que me decía: "Me gusta que seas una perra y no te dejes, pero recuerda que siempre gana el más fuerte"

La "perra" se ahogó en su propia rabia y eso a él le daba comezón... cuando yo cedía sin haber atravesado por el campo minado, es decir sin pelea, pareciera que necesitaba más adrenalina y entonces buscaba pretextos para seguir pisoteándome. Mi docilidad era su deseo, pero tenía que ganárselo a puños...

Yo no comprendía porque para amarme necesitaba estallar granadas en mi corazón. Ganar sin intoxicarme no le sabía bien.

En escasas ocasiones cuando yo estaba a punto de "ganarle", él leía en mí una especie de rival que podría superarlo. Terror más grande no podía vivir mi querido marido. Él debía atacarme pero sin correr el riesgo de perderme.

Nunca estuvo satisfecho, siempre quería más...

Me responsabilizaba de su vaso a medio llenar.

No me alcanzaba para darle lo que pedía, pues en realidad nunca supe que tanto buscaba.

El discurso paradójico es fundamental en el perverso narcisista. Con sus acciones pareciera que me detestaba, pero en el fondo él sabía que me necesitaba más que yo a él, evidentemente esto último lo envolvía para no dejármelo ver.

Me llevaba al borde de la locura y alimentaba los monstruos que traje desde casa con la finalidad de desequilibrarme y estando débil él pudiera alimentarse de mi fragilidad.

Hoy veo con total claridad que nunca tuvo amor, ni para mí ni para él mismo. Él oscilaba entre el deseo y la envidia. No me deseaba a mí sino lo que yo tenía... ganas de vivir, amor sincero, alegría para transformar mi vida, fe en la existencia, avidez de paz.

Me decía que admiraba mi capacidad de perdonar y amar... pretendía arrebatarme lo bueno que había en mí, con humillaciones y desprecio.

Pocas veces gritaba, la que se exaltaba era yo. También esto formaba parte de su táctica para lograr acusarme de agresiva y luego acariciarme con el otorgamiento de su perdón, se disfrazaba de bondadoso al disculpar mis arrebatos... ¡mismos que él provocó!

Irónicamente él evitaba y buscaba mi rechazo, pues lo que más temía era no ser amado pero actuaba en sentido contrario, haciendo todo para permanecer solo, sin aceptación ni amor de quienes lo rodeaban. Él tenía varias heridas, entre las que comprendí en mi proceso terapéutico destacaba la del rechazo. Si él lograba que yo lo rechazara le reafirmaba a su mente que era natural sentirse así, por tanto no cabía la posibilidad de cuestionarse si lo que hacía estaba mal pero a su vez me mordía el alma con tal de ser mirado, prácticamente quería mis ojos para meterlos a su bolsillo y garantizar no morir en el olvido.

Como cualquier perverso narcisista, demandaba mucho y me daba muy poco. Me exigía estar atenta, concentrada, me orillaba a siempre dar lo mejor de mí, incluso a adivinarle los pensamientos. En el estado en el que yo me encontraba me era imposible cumplir esta tarea asignada, pues su sola presencia me bloqueaba y me convertía en una muñeca... paralizada y sin capacidad para actuar. Ni siquiera podía escuchar mis propios pensamientos cuando tenía encima su mirada acusadora acompañada de un "Piensa bien lo que hiciste".

Para distraerme y darme un respiro, me dedicaba a limpiar la casa de pies a cabeza, mi eterna ansiedad veía suciedad por todos lados y la única forma de desinflar por un rato mi contusión interna era limpiar compulsivamente.

Otro camino del perverso narcisista es hacerle creer a los demás que sabe lo que están pensando. A mí me "predecía" el futuro y mis pensamientos, destacando mi estupidez y su gran inteligencia... "Te conozco bien y sé lo que estás pensando... crees que soy un idiota y podrás hacer lo que quieras, pero estás equivocada, te voy a enseñar quien es el fuerte" ¿Qué le pasaba? Se sentía dueño incluso de mis ideas.

Todo era producto de una sobrecompensación... un perverso narcisista es un ser inseguro y con temores a la evaluación social, por lo que evita situaciones de exposición. Mi ex pareja tenía un voraz miedo a ser juzgado o criticado, no era agraciado físicamente pero se compensaba con trajes costosos y cambios de imagen trimestrales, sumado a una grandilocuencia que ni él mismo comprendía.

Cuando se veía obligado a dialogar con superiores o gente nueva se ponía nervioso en extremo, pero actuaba con temple mientras yo me daba cuenta lo incómodo que se sentía, fingía estar aburrido cuando no sabía del tema y se fundía en el alcohol para lograr una mediana adaptación, alcoholizado sentía que era galán de cine, premio nobel y compadre de Dios.

El núcleo social del que fue mi compañero, era minúsculo. Se componía de gente económica e intelectualmente inferior a él. De esta forma no había posibilidad de ser menor.

Las víctimas de un perverso narcisista se sienten confundidas, perdidas entre quien tiene la culpa y quien la razón, pues la estrategia de sacudir la mente del otro para hacerlo dudar es clave en el actuar perverso.

La única verdad era la de mi ex esposo porque "supuestamente" nunca cometía errores.

La "nulificación" y banalización de las emociones ajenas colocan al perverso en un lugar imaginario de control y poder.

Vivir en la perpetua desazón era su única opción, ya que depositaba en mí el dolor de la frustración que negaba, por tanto la paz no era bienvenida. Ahora comprendo que él necesitaba de una constante confrontación, en donde yo era carne de cañón, en realidad el verdadero pleito yacía en los fantasmas de su infancia.

En resumen el perverso narcisista actúa así:

- Roba la energía del otro por medio de amenazas sutiles.
- Se reconforta cuando ve que su víctima ha perdido.
- Es indiferente a las emociones del otro, pues carece de empatía.
- Su discurso es contradictorio, lo cual confunde aún más a su víctima.
- No tolera el bienestar del otro.
- No se satisface con nada.
- Verborrea y retórica confusa.
- Hace sentir culpable a su víctima.
- Denigración de su pareja matizada con humor.
- Negación de su crueldad.
- Seductor y carismático en público, tirano en lo privado.
- Narcisismo y egolatría.
- Aísla a su pareja.
- Rigidez y manipulación.
- Insensibilidad y arrogancia.

Dado que los perversos narcisistas actúan de forma invisible, es poco común que su pareja reconozca que está viviendo violencia.

Él siempre fue más débil que yo, no lo digo porque me fortifique el ego sino porque en la comprensión de nuestro malestar he logrado avanzar. Ahora sé que ninguna persona violenta es fuerte ni valiente.

Su manipulación era el resultado de su inseguridad y debilidad, cada humillación en la que él se creía invulnerable lo hundía más profundo en el caldero de su baja autoestima.

Él era un héroe de mentira, un niño atropellado, un enfermo desahuciado, un hombre de goma, un Hércules apócrifo.

XVII - La indiferencia mata

Alterno a mi tratamiento psicoterapéutico, pertenecí a un grupo de autoayuda para darle fuerza a mi autoestima con la ayuda de otras mujeres, que eran mi espejo. En una de las sesiones, ya casi al cierre del proceso, los terapeutas nos sugirieron exponer algunas reflexiones personales, mi aportación fue esta...

-     En la mayoría de los casos son los hombres los que ejercen una dominación sobre las mujeres, pero también ocurre en sentido contrario... siendo el hombre el avergonzado, que paraliza su dolor al callar los golpes a su autoestima, menoscabado en sus ingresos económicos, afectado emocionalmente y arrojado a la depresión, a la ansiedad y al estrés. La contusión es dolorosa pues la sociedad no está preparada para ver llorar a un hombre con miedo o impotencia. También hay hombres que cargan el alma rota, como nosotras la tuvimos...

La violencia no distingue entre estratos sociales, diferencias de edad o de género, ni tampoco hace diferencia con el poder adquisitivo ni en las preferencias sexuales.

En la andanza aprendí que la violencia no avala diferencias... se borra el "tú y yo", dejando un único lugar privilegiado al "Yo" del violento. Se borra al otro... se borra que hay dos, sólo pareciera que existe la ley del más fuerte, del más violento, del más cruel. El deseo perverso de someter y amaestrar al otro, es el antojo más frecuente en el violento… un vil circo del que fuimos participes por amarnos muy poco.

El exilio me invitó a cargar mi cerebro y a reconocer que funcionaba… me dediqué a explorar arduamente mi interior en este grupo, en mi terapia individual, leyendo mucho y preparándome más. Conecté corazón con cabeza, cables que antes de salir echaban chispas entre sí, pues como saben, siempre nos sentimos tontas frente al verdugo. Aprendí que la violencia es un asunto de lo privado que debe hacerse público, guardar esto como secreto es incrementar su potencia, se convierte en una epidemia global. Debe anunciarse o gritarse si es necesario, antes de que los rugidos invisibles del alma provoquen más muertes físicas y emocionales. Deseo que tomemos conciencia con situaciones cotidianas, por ejemplo, ¿a los gobernantes les gustaría ser el pueblo que engañan y explotan?, ¿nos agradaría ser un hijo pequeño maltratado o ignorado?, ¿al ladrón le parecería bien ser robado? ¿Al jefe le acomodaría ser el empleado al que humilla o acosa? ¿A tu vecino le gustaría ser tú cuando eras golpeada…?

Seguramente no… Estas son otras caras de la violencia.

Inmersos en una colectividad en donde se aplasta la consciencia, vemos sin sorpresa situaciones violentas pero que parecieran naturales… cesáreas innecesarias y maltrato obstétrico, amamantar es objeto de juicios, muchos mitos e incluso maltratos, abortos en pro de la mujer pero en ataque a un bebé que no se defiende… Si la violencia es parte de la bienvenida a la vida, que no nos extrañe que hasta el final de nuestros días no se nos dignifique ni respete.

Estamos habituados a besarle la mano a los que dan sermones de benevolencia y generosidad, mientras lo que sobra es cinismo... se hacen guerras en nombre de Dios... que contradicción, que ironía, que ignorancia.

Da igual el varón que no sopesa el valor de su familia cuando comete infidelidad, algunas madres enseñan inconscientemente a sus hijos a sobajar, comparar, engañar o esclavizar a otras mujeres, hay jovencitas que venden favores sexuales porque nadie les enseñó a valorar su cuerpo pero si a perseguir el dinero fácil, algunos hombres piden "la prueba" de amor como condición para continuar la relación. Violencia, violencia, muchas formas de violencia...

Lo "normal" nos ha anestesiado el alma y el cerebro, estamos empañados de indiferencia... por ello nada de esto duele lo suficiente como para despertar y la empatía nos suena a cursilería. Nos es común disfrazarnos para dominar y manipular tanto procesos como personas, nos es asequible cerrar los ojos y sólo ver las conveniencias... Cuanta vida se pierde, cuanto habremos de facturar.

La forma de evitar tanta violencia comienza en casa, con la familia. Si un pequeño crece entre la maleza de la agresión, sus raíces definirán su camino... violento o violentado será. Si por el contrario honramos la infancia y los adultos resolviéramos nuestros problemas sin atacar ni morder y alimentáramos el corazón, la violencia no sería posibilidad.

Tratemos a los otros como nos gustaría ser tratadas y jamás le permitamos a nadie hacernos algo de lo que nosotras no seríamos capaces. La sociedad debe construirse a cuatro manos... Necesitamos de los hombres como ellos de las mujeres, debemos reconciliar nuestras diferencias y aceptar las diferencias irreconciliables.

Es necesario que sacudamos las neuronas pues a esto nos está empujando la vida… Distingamos el amor del sexo, olvidemos decir amor cuando es egoísmo, evitemos calificar de amor cuando es sólo un gusto, renunciemos a decirle amor a las dependencias, dejemos de usar al amor como justificación a nuestros agujeros mentales. No podemos admitir más destrucción con el pretexto del amor, como tampoco debemos continuar fingiendo que nada sucede cuando uno convulsiona en alguna relación.

Si seguimos en estupor tarde o temprano el tren de la indiferencia nos va a aplastar… La indiferencia también es violencia e igualmente mata.

XVIII - Amar sin defensas

Después de mi participación, los terapeutas me invitaron a dar charlas en diversos centros de ayuda, no como profesional, sino como mujer. A partir de ese momento mi testimonio y mis reflexiones han sido parte de la sanación, tanto de otras mujeres como de la propia. He encontrado sentido a todo este dolor, ayudando a otras personas a tomar conciencia.

Escarbando en mis ideas escribí varias reflexiones...

Desafortunadamente aún prevalece la idea de que las mujeres somos frágiles... es un estereotipo que debemos vencer con inteligencia... Cuando una mujer cree que es su deber cuidar, complacer y servir a su pareja por encima de ella, cuando piensa que perdonar siempre y tolerar todo es una muestra de su amor, está cediendo su poder y su inteligencia. Se relaciona el amor con el sacrificio, que el que ama debe sufrir... que gran falacia. Ninguna persona necesita doblegarse para ser aceptada... si es así entonces no te ama. Cada uno de los papeles que tenemos debe crearse bajo el régimen del "quiero" y no el de "debo".

Como efecto de la histórica violencia contra la mujer también surge el polo opuesto de la debilidad. La mujer fálica que en defensa de su feminidad, menosprecia consciente o inconscientemente a los hombres y maltrata a quien la ama o considera poco merecedores de su amor a los demás, proclamándose como "súper mujer" y justificando su soltería con que los hombres le tienen miedo. ¡Y como no temer a una mujer que trae un pene imaginario entre sus piernas! Las mujeres no podemos desenfundar la espada que no tenemos pues nuestra esencia se debilita. Nuestra tarea es trabajar la vida con herramientas más poderosas que un falso falo que atemoriza. Nuestra dotación natural es utilizar la inteligencia emocional, no para manipular sino para aportar luz a la vida, necesitamos recordar que nacimos con tanta fuerza como para parir sin anestesia, debemos nutrir nuestras almas y trabajar por lo que nos haga crecer, ya que ésta es la finalidad de la juntura amorosa... si no se crece al lado de la pareja se pudre el corazón.

¡Dejémonos amar sin defensas! Estar a la defensiva es lo que provoca la violencia en ambos géneros. Debemos desistir de ver al sexo opuesto como rival y hacia abajo, pues así todos estaremos en una pendiente continua. Si se siguen amamantando creencias androcéntricas no habrá otro destino que mujeres abnegadas que piensan que hay que aguantar porque eso significa amar, o por vivir bajo la promesa hecha a Dios en un altar, mujeres dependientes que al haber sido reducidas por su pareja no cuentan con un sustento económico para hacerse la vida o darle seguridad a sus hijos, mujeres vacías que se preocupan y ocupan por los demás dejándose a sí mismas detrás de la puerta, mujeres avergonzadas que por pena a mostrar la miseria de su relación, siguen callando con la finalidad de no ser juzgadas e incluso evitar que juzguen al maltratador, mujeres emocionalmente confundidas, que al darle lugar a sus emociones les causa culpa, por tanto aprenden a enterrar sus deseos, palabras y camino ... difícilmente diferencian entre el amor, el odio, la dependencia, la vergüenza, la lástima, la gratitud o el cariño.

También así, hombres a medias... estrujados por dentro y orgullosos de su dominio, el cual no es otra cosa que su timidez frente al sexo complementario.

El vuelo tiene que hacerse a cuatro alas, no uno arriba o abajo del otro, tampoco detrás o delante de nadie. Es simple, cada uno en su propio espacio mirando al mismo horizonte con objetivos distintos pero compatibles. El amor es un trayecto de coincidir sin coincidencias, uno tiene a la pareja que le es necesaria para aprender... el amor es una construcción basada y sostenida en el respeto, también implica legitimar los deseos del otro, es dejar de temer ser uno mismo para agradar y ser querido.

Si seguimos persiguiendo el nefasto ideal de las princesas de cuento, sin lugar a dudas sobrevivirá el sufrimiento. Estas princesas siempre la han pasado mal... encerradas, maltratadas, humilladas, abandonadas, perseguidas, esclavizadas, amenazadas y besando sapos... la errada idealización nos hace suspirar creyendo que lo único importante es el apoteótico final de "juntos para siempre" tras haber sido rescatadas por un "príncipe" que no existe, como tampoco las princesas, somos hombres y mujeres... ambos con deseos de formar familia, contar con quien compartir labios cuando la vida duela, tener con quien sostener el día a día y tener motivos para que la sonrisa sea más sincera.

El amor no se encuentra, se construye dentro de uno mismo, pero muchas personas como yo y quizás como tú, hemos esperado que el amor nos lo otorgue el otro, e incluso nos hemos anclado al sueño rosa de convertir en "príncipe" a la bestia o a la bestia en princesa... por soñar tan bajo me quedé mucho tiempo varada.

No hay engaño más cruel que esperar a que el nogal dé fresas... también es un terco afán intentar salvar y ser heroína de un ser que no quiere ni puede cambiar sólo porque somos "buenas"... Por cierto, entre más buena era con él, yo era más cruel conmigo... más sumisa, más miedosa, más mediocre, más dependiente, más miserable.

Fui violenta conmigo sin saberlo, porque al marginarme a él me suicidé simbólicamente muchas veces.

Me pregunté ¿Por qué quería ser rescatada por alguien? Tras mucho analizarme y conquistar mi nuevo hábitat psicológico, me doy cuenta que soy una mujer que merece todo lo bueno y que no necesitaba más salvación que modificar mis creencias... una parte de mi creía que me faltaba algo y que ese vacío lo llenaría el primero que me mirara y prometiera "amor eterno", me busqué una prótesis emocional.

El conformismo es para quien se ama poco y se atraganta de nada. Quedarse al lado de alguien con quien ya no disfrutas el camino, con quien te provoca más lágrimas que alegrías, permanecer en la ruta por costumbre o miedo... destruye cualquier posibilidad de amor.

¿Por qué pensar que el otro, cualquiera que sea, puede darme la felicidad?

Si en mi búsqueda de la felicidad necesitaba imperiosamente a mi marido para buscar una definición, un quehacer social y unos pulmones por los cuales respirar, estaba comenzando de reversa el camino… si tu relación comienza mal, con seguridad terminará peor.

Aún existen mujeres habituadas a la masculinidad dominante, en donde el varón pareciera que tiene voz más grave y un voto preferencial. Se sigue culpando a Eva por el pecado original, una gran equivocación conveniente al género masculino. Muchas nos hemos creído Eva, dándole lugar al malentendido de superioridad de género. El verdadero pecado es hurgar en el amor y usarlo como pretexto para deplorar a otro.

La realidad es que los Adanes no pueden existir sin las Evas y viceversa… el "pecado" es morder la manzana y echarle la culpa al otro sin responsabilizarnos de los propios antojos.

Entendamos que si le llamamos al otro "el sexo opuesto" estamos agravando el problema de la violencia, pues al opuesto generalmente se le ataca por leer en él a un rival. No hay opuestos, hay diferencias y complementariedad… por tanto puede hacerse una suma, jamás una resta que denosté o menosprecie al otro.

Ni feminismo ni machismo, pues son caras de una misma moneda. ¡Debemos comprender que hombres y mujeres somos las pesas de una balanza perfecta!

Los dos sexos somos fuertes y tenemos debilidades, somos espejos y ambos somos co creadores de todo lo existente. Si agredo al otro sexo, agredo a todos…

Hacer el camino con cuatro pisadas es maravilloso siempre y cuando ninguno pise al otro. El noviazgo, el matrimonio o la unión libre deben ser única y exclusivamente para alimentar el alma y enfocar mejor la vida, de lo contrario es un pésimo negocio…

Estar con alguien para crecer tiene sentido, permanecer al lado de uno que priva y amenaza es una necedad del ego.

Tenemos que despertar, sacudirnos los miedos y la indiferencia, atrevámonos a ser más románticos pero también usemos el cerebro… debemos poner atención a lo verdaderamente importante: el AMOR, así con mayúsculas.

XIX- ¿Será necesario?

¿Será necesario darte sugerencias para salir de una relación tóxica? Solo pon la honestidad en la mesa, ¿eres feliz a su lado?

¿Será necesario recordarte que naciste entera y que no eres una media naranja en búsqueda de su mitad? ¿Será necesario decirte que esto es solo una falsa creencia que tienes para no hacerte responsable de tu felicidad? Tú eres tu dueña y estás completa.

¿Será necesario que comprendas que nadie te resanará ni tú al otro? Tus grietas son tuyas, no las abras más.

¿Será necesario que recuerdes que tienes cabeza y que no necesitas que el otro piense por ti? Contigo basta y sobra para trazar el mapa.

¿Será necesario que cambies tu esencia para que el otro te acepte?… Así no te ama.

¿Será necesario recordarte que las humillaciones, los celos, el control, la indiferencia, los gritos, las burlas y las contingentes promesas no te darán la felicidad que anhelas? Ahí no es tierra segura.

¿Será necesario recordarte que te cargues de valentía para renunciar a quien amas cuando te maltrata? Ámate tú.

¿Será necesario decirte que a quien le debes más lealtad es a quien se refleja en tu espejo? Bésate.

¿Será necesario que no mueras de amor? Vivir es lo que toca, haz lo mejor que puedas.

¿Será necesario repetirte que si careces de confianza en ti, el otro lo olerá como lo hacen los perros y entonces aprovechará tu debilidad para pretender ser más fuerte? Tu fortaleza está cuando te levantas.

¿Será necesario que te obligues a recordar que nadie puede suturar las heridas del pasado más que tú misma? Confía en ti.

¿Será necesario que jures amor para toda la vida y pese al dolor te quedes por cumplir tu promesa? Los tiempos cambian, ayer no es hoy.

¿Será necesario repetir que uno tiene a la pareja que le merece a su autoestima? Incrementa tus estándares.

¿Será necesario que les des a tus hijos una madre amarga, sufriente, muerta en vida por quedarte con su padre? Ámalos, protégelos, dignifícalos.

¿Será necesario recalcar que a veces el amor no alcanza para quedarse? se requieren otros elementos…

¿Será necesario decirte que el amor es sagrado y no puede manosearse para no estar en soledad? Eres tu mejor proyecto.

¿Será necesario recordarte que una cosa es amar y otra es alterar? Evita confundir estos conceptos.

¿Será necesario que recuerdes que quien maltrata está roto y es muy débil? Sepárate antes de que te contagie…

¿Será necesario que te recuerde que puedes y mereces volverá a amar? Tú decides.

XX - Elige

Elige darle magia a tu corazón con quien no te amarre las alas.

Elige serte fiel.

Elige que tus recuerdos solo sean lecciones que te impulsen hacia adelante y no te arrojen a la victimización.

Elige tener un romance contigo, pues a quienes les brilla el corazón se convierten en un imán de personas y cosas verdaderamente buenas.

Elige no cambiar a nadie, elige que nadie te cambie a su conveniencia.

Elige las batallas que quieres librar, pero primero elige no estar en guerra.

Elige perdonar para sanarte, perdonar para no enfermar más.

Elige la gratitud porque será una de tus medicinas… pues quien agradece incluso el terremoto emocional, encuentra sentido a su dolor.

Elige la ruta, pues está bajo tus pies, elige seguir caminando.

Elige amarte siempre… a solas, en compañía, con pasado, con el futuro, con defectos, con dolor, con alegría, con lo que tienes, con lo que has perdido, con quien no serás, con quien eres.

Elige estar consciente de tus deseos, algunos no admitirán transacción.

Elige con consciencia a quien le pondrás en sus manos tu corazón.

Elige tus reflejos, pues tus parejas han sido y serán tu espejo.

Elige traer una "bolsa con monedas de oro" que te representen, para que te alcance alguien que verdaderamente te ame… no por venderte, sino para que sepas tu valor.

Elige protagonizar y no cedas tu personaje.

Elige asumir que tu felicidad no depende de nadie, elige no adjudicarle a ninguno la pesada tarea de hacerte feliz.

Elige ser protectora de tu silencio, el de tu interior… para que nadie lo calle.

Elige no colgarte del otro, decide andar sin que te carguen.

Elige amar sin culpa ni hambre.

Elige quedarte porque quieres y no porque debes.

Elige hacer tu camino sin esperar promesas hechas al aire.

Elige tomar la mano de quien te trate con respeto.

Elige abastecer tu plato afectivo y comer sin prisa.

Elige que hay hechos y personas que no podrás cambiar, pero el futuro será como hoy lo escribas con tu mente.

Elige salir de la ignorancia, pues al amor se le escribe con inteligencia, por tanto lee, vive, viaja, estudia y suelta lo que no te sea congruente.

Elige hacer las paces contigo… perdónate, comprende, reconstruye y sigue.

Y si vas a cargar, elige que sea solo a tu niña interior, esa que tenía miedo a no ser amada, elige hacerte cargo de ella y de tu parte adulta.

Elige amar a tu mejor amiga, tú… Elige elegirte.

XXI – Grietas

Grietas que se abren donde arde el alma cuando uno confunde el amor con la violencia.

Grietas provocadas por el miedo y el necio deseo de amar a quien no puede acariciar sin humillación.

Grietas profundas que comienzan como fisuras imperceptibles, pero que no se pueden ignorar... son de esas grietas que no dejan huella en la piel pero rompen la esperanza, la ilusión, la fuerza interior...

Las grietas en el alma se abrieron tanto hasta derrumbar falsas ilusiones... él no era mío ni yo le pertenecía, no era mi medicina ni yo su inspiración y reconozco que afortunadamente nunca fuimos uno. Sus grietas y las mías se unieron provocando un temblor que golpeó fuertemente mi corazón, pero pude levantarme y hacer un compromiso con el exilio para no seguir rompiéndome más... me despedí de él y también del odio hacia mi...

Hay grietas que mi historia no podrá negar jamás pero elijo sacarles partido pues hoy estoy sola, pero conmigo... ya no me duele enamorarme de mí. Me he invitado a conquistarme y construir nuevos encuentros a pesar de seguir hurgando en la cloaca que esta relación me dejó, pues cada vez que limpio mi interior, recuerdo lo que merezco y lo que no.

Yo soy más fuerte, yo soy amor, yo soy quien quiero ser gracias a todo lo vivido... hoy él no es mi dueño, hoy él no es mi amor, hoy es un recuerdo del que mucho aprendo mientras YO SOY YO.

Tengo una prescripción diferente... las dosis de dignidad aumentan cada día y la receta que llevo conmigo es que nadie puede alterar mi paz.

Me amo y creo en el amor, pero a veces tendré que dudar de lo que sienta si me vuelvo a enamorar... espero confiarme más de lo que el otro esté dispuesto a entregarme y de lo que yo esté disponible a recibir y dar... haciendo congruencia con el cerebro y el corazón.

Reconozco que existen muchas posibilidades para no cargar en el alma amores muertos y saber retirarse a tiempo. Hoy no permito una grieta más en mi alma pues no tengo lugar para la putrefacción. Y sé que alguien está esperando amarme así como soy.

El amor no se fue con él como tampoco la esperanza, esto se queda conmigo y mi corazón aún tiene ganas.

Estoy en el camino... ¿y tú cómo vas?

Con AMOR,

Una persona que como tú, también creyó ser una elefanta.

GRIETAS
EN EL ALMA

Atrapada entre

el amor y la violencia

Viviana Rojo Sitton

Windmills International Editions Inc.
California - USA – 2016

www.vivianarojo.com.mx

Made in the USA
Las Vegas, NV
16 March 2022